はじめての
Visual Studio Code [コード]

はじめに

　「プログラミング・ツール」が高機能で大容量になっていくなか、編集機能を重視した、軽量で柔軟なマルチOS対応のプログラミング用「テキスト・エディタ」の人気が高まっています。

　そのひとつである「Visual Studio Code」は、マイクロソフトが支援するオープンソースの「テキスト・エディタ」です。
　「Windows」はもちろん、「Linux」や「Mac」でも使えます。
　ただし、「Visual Studioの簡略版」という位置づけではありますが、ソフトの構造が根本的に異なるので、操作方法はかなり違います。

　また、開発対象言語は「JavaScript＋HTML」「TypeScript」「PHP」など、「スクリプト言語」が中心です。

＊

　そこで本書では、「JavaScript＋HTML」によるファイル編集を例として、「Visual Studio Code」の操作方法を解説しています。

　LinuxやMacでプログラミングをはじめる方や、プログラミング用のエディタでは敷居が高いが、OS付属のエディタの機能では足りないという方にとって、「Visual Studio Code」はちょうど良い"簡単さ"と"便利さ"を備えていると思います。
　まずは、気軽に「Visual Studio Code」でのプログラミングを体験してみましょう。

清水　美樹

はじめての Visual Studio Code

CONTENTS

はじめに ………………………………………………………………………… 3
サポートページ ………………………………………………………………… 6
動作環境 ………………………………………………………………………… 6

第1章　「Visual Studio」の弟分、「Code」

[1-1]　「VSCode」の位置づけ ………………………………………………… 8
[1-2]　本書の内容 ……………………………………………………………… 10

第2章　「VSCode」を始めよう

[2-1]　「VSCode」を「Ubuntu」にインストール …………………………… 12
[2-2]　画面の外観を変更する ………………………………………………… 14
[2-3]　ファイルの管理 ………………………………………………………… 16

第3章　「HTML＋JavaScript」アプリの編集

[3-1]　本章で用いるサンプルコード ………………………………………… 24
[3-2]　「HTML文書」の扱い …………………………………………………… 27
[3-3]　「JavaScriptコード」の編集 …………………………………………… 30
[3-4]　「ファイル」と「フォルダ」の操作 …………………………………… 32
[3-5]　意外に便利な「CSS」の編集 …………………………………………… 41
[3-6]　プログラムの修正を効率的に ………………………………………… 44

第4章　VSCodeで「C♯」

[4-1]　「C♯のアプリ」を編集する準備 ……………………………………… 52
[4-2]　「C♯ソースコード」のサポート ……………………………………… 57
[4-3]　「Visual Studio」以外のC♯ソースコード …………………………… 61

CONTENTS

第5章 「VSCode」の操作を選ぶ

- [5-1] 「メニューバー」のメニュー ……………………………………… 64
- [5-2] コマンド・パレット ………………………………………………… 75
- [5-3] キーボード・ショートカット …………………………………… 76

第6章 効率的なカーソル操作

- [6-1] 「カーソル移動」と「選択」 ……………………………………… 80
- [6-2] 指定範囲を編集 …………………………………………………… 84
- [6-3] ソースコードに特化した操作 ………………………………… 88

第7章 「マルチ・カーソル」と「検索」

- [7-1] マルチ・カーソル ………………………………………………… 102
- [7-2] 「検索」「置換」のウィンドウ …………………………………… 106
- [7-3] その他の「検索」「置換」 ………………………………………… 119

第8章 カスタマイズ

- [8-1] 「ユーザー」と「ワークスペース」の設定 …………………… 124
- [8-2] 「キーボード・ショートカット」の設定 ……………………… 134
- [8-3] スニペット ………………………………………………………… 139

第9章 実行、デバッグ、バージョン管理

- [9-1] 「タスク・ファイル」による自動実行 ………………………… 150
- [9-2] デバッグ …………………………………………………………… 153
- [9-3] バージョン管理 …………………………………………………… 163

索引 …………………………………………………………………………… 173

サポートページについて

　本書に掲載している「サンプルプログラム」のダウンロード、および本書のサポート情報は、工学社ホームページのサポートコーナーを参照してください。

<工学社ホームページ>
```
http://www.kohgakusha.co.jp/
```

　ダウンロードしたファイルを解凍するには、下記のパスワードを入力してください。
```
W2btRVxHB6jR
```
すべて「半角」で、「大文字」「小文字」を間違えないようにしてください。

動作環境について

　本書で用いている動作環境は、以下の通りです。

●Visual Studio Code
バージョン1.0.0
　本書執筆時の「バージョン1.0.0」は、リリース直後であるため、まだ仕様の固まらないところがあります。
　仕様の変更点については、上記の工学社ホームページのサポーコーナーで変更情報を随時掲載します。

●OS
　Linux（Ubuntu desktop 15.10、openSUSE Leap 42.1）

●Microsoft、Visual Studio、Visual Studioロゴは、米国Microsoft Corporationの米国およびその他の国における登録商標または商標です。
●各製品名は一般に各社の登録商標または商標ですが、®およびTMは省略しています。

第1章

「Visual Studio」の弟分、「Code」

> 「Visual Studio Code」(VSCode) は、Microsoft が
> 「Visual Studio」をテキスト編集用に軽量化したコー
> ド・エディタです。
> ここでは、軽量ゆえの長所と、「Visual Studio」と
> どのように違うのかを見てみましょう。

第1章 「Visual Studio」の弟分、「Code」

1-1 「VSCode」の位置づけ

■オープンソースの「VSCode」

●オープンソースのプロジェクト

「Visual Studio Code」(以下、VSCode)は、オープンソースのプロジェクトです。現在(2016年5月)は、1.0が提供されています。

●「Visual Studio」とは別のプロジェクト

オープンソースのプロジェクトである「VSCode」は、プロジェクト・サイトも「microsoft.com」とは別に用意されています。

無料であり、ユーザー登録なども必要ありません。

＜「VSCode」のプロジェクト・サイト＞

https://code.visualstudio.com/

図1-1 「Visual Studio Code」のサイト

■「テキスト・エディタ」として

●テキスト編集が目的

「VSCode」は「テキスト・エディタ」です。

「コンパイル」や「実行」をする機能は基本的には存在せず、コマンドラインなどで別途実行しなければなりません。

しかし、設定ファイルに「タスク」を書くことで、機能を自動化できます（**9-1節**参照）。

●テキスト編集のための機能

ファイル操作、デバッグ、Gitバージョン管理など、テキスト編集をしやすくするための機能が充実しています。

■「マルチ・プラットフォーム」として

「VSCode」は、Windows、MacOS X、Linuxに対応しています。

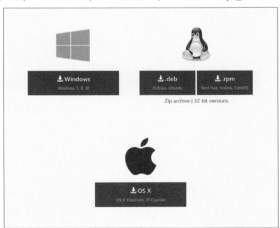

図1-2　多くのOSに対応

■多くの言語をサポート

●「HTML」と「JavaScript」

「HTML」と「JavaScript」は、「VSCode」が最もよくサポートしている言語と言っていいでしょう。

「コード補完」や「エラーチェック」の機能があります。

●C♯

「VSCode」には、「C♯」の編集は標準では備わっておらず、後から「拡張機能」として導入します。

「C♯」編集の機能をフルに使うには、「Visual Studio」や「DNX」（Linux用のASP.NET開発環境）などで別途作ったプロジェクトの、ソースコードだけを編集するという位置付けです。

「C♯」をコンパイル、実行する環境が備わっていないなど、「Visual Studio」におけるような本格的な開発は容易ではありません。

●「TypeScript」と「Node.js」

「VSCode」では、Microsoftが中心となって開発している「TypeScript」（JavaScriptで実装されたオブジェクト指向言語）をサポートするように出来ています。

「TypeScript」は、「Node.js」というJavaScriptフレームワークを用いているので、「Node.js」にも対応しています。

1-2 本書の内容

■「Linux」で使ってみよう

Windowsでは、すでに「Visual Studioのコミュニティ版」が無償で使えて、「VSCode」の機能も満たしています。

そこで、本書では「Visual Studio」が使えない「Linux」で、「VSCode」を使ってみましょう。

■よく使われている言語を編集してみよう

本書では、広く使われている「JavaScript」と「C♯」を編集してみましょう。

ただし、「VSCode」では「C♯」の開発環境の構築が容易ではないので、本書ではWindowsの「Visual Studio」の助けを借りて、「C♯」編集の考え方を得るだけにします。

第2章

「VSCode」を始めよう

「Ubuntu Linux」での動作を例に、「VSCode」をインストールし、簡単なファイルを作るまでの動作の基本を試してみましょう。

第2章 「VSCode」を始めよう

2-1 「VSCode」を「Ubuntu」にインストール

■「Ubuntu Desktop」の準備

　Linuxの経験があまりない場合は、「Ubuntu Linux」を用いるのが最も無難な選択です。
　また、Windows上で「VMWare」や「VirtualBox」などの仮想マシン上にインストールしておけば、万が一Linuxがクラッシュしても、コンピュータは使い続けられるので、思い切った使い方もできるでしょう。

<「Ubuntu Linux」の公式サイト>
| http://www.ubuntu.com/ |

<仮想マシン「VirtualBox」の公式サイト>
| https://www.virtualbox.org/ |

■「VSCode」のインストールと最初の起動

●ダウンロード

　「VSCode」のインストーラは、公式サイト（**図1-1**）からダウンロードできます。
　「VSCode」のサイト（**図1-1**）の「Codeをダウンロード」というボタンを押すと、「Windows」「Mac」「Linux」に対応するダウンロードボタンが表示されます。
　「Ubuntu」であれば、Linuxの「deb」形式のファイルをダウンロードします。

図2-1　大きな「ダウンロードボタン」がある

　「Ubuntu」であれば、直接「ソフトウェアセンター」のインストール画面が開いて、インストールできます。

[2-1] 「VSCode」を「Ubuntu」にインストール

　最初の起動は、端末から「code」というコマンドで行ないます。「ランチャー」に登録し、次回からの起動を楽にしておきましょう。

図2-2　「ソフトウェアセンター」で開く

図2-3　「ソフトウェアセンター」を利用してインストール

　すると、図2-4のような画面が表示されます。

第2章 「VSCode」を始めよう

図2-4 起動画面

2-2 画面の外観を変更する

■「テーマ」を変更

●明るい背景のテーマに変更

起動したときの外観は「黒の背景」に「明るい色の文字」です。

しかし、背景に明るい色を好む人もいるでしょう。そこで、本書でも明るい背景のテーマに変更します。

*

メニューバーから、「ファイル」→「基本設定」→「配色テーマ」を選びます。

[2-2] 画面の外観を変更する

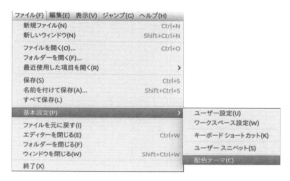

図2-5 メニューバーで「配色テーマ」を選択

> ※「Ubuntu」は、Macと同じように「アプリケーションのメニュー」がデスクトップの上部に固定されています。
> これは、アプリケーションのウィンドウを選択しておき、デスクトップ上部にマウスカーソルを置かなければ出てこないので、注意してください。

　すると、画面の上部中央に一覧が開きます。
　この形は、「VSCode」でいろいろなメニューの一覧を示すのによく使われる形式で、ここで表示されるのは「配色テーマ」の一覧です。

図2-6 中央上部に現われる一覧

　一覧では、初期設定として「Dark」(暗色系)が選択されているので、これ以外のテーマを選択しましょう。
　「Light」(明色系)は逆に明るすぎるので、「Solarized Light」(くすんだ明色)あたりを選ぶと、目にも優しいと思います。

> ※本書では、見やすさに応じて、その都度テーマを変更して解説しています。

第2章 「VSCode」を始めよう

図2-7 「くすんだ明色系」を選ぶ

2-3 ファイルの管理

■最初の入力

●編集中のファイルの種類を決定

　最初に、簡単なHTMLファイルを作ってみましょう。

　ただし、「VSCode」の起動後に表示されているファイル（Untitled：タイトル未設定）に、「<html>」などのタグだけを入力しても、何も変化はないはずです。
　この理由は、まだ「ファイルの種類」が決定していないからです。

　そこで、まず「ファイルの種類」を決めましょう。
　方法としては、「拡張子つき」で保存するのが確実ですが、保存する前でも「ファイルの種類」（言語モード）は決定できます。
　作業ウィンドウの右下に「プレーンテキスト」と書いてあるので、これをクリックしてください。

[2-3] ファイルの管理

図2-8 右下にある「言語モード」

テーマと同じように、「言語モード」が一覧として表示されるので、「HTML」を選びます。

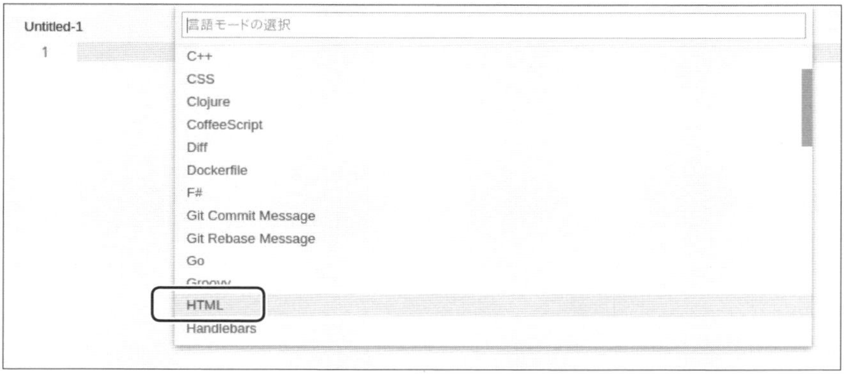

図2-9 中央の一覧から「HTML」を選ぶ

図2-10 言語モードの型が「HTML」になった

　これで、「<html>」のようなタグが強調されるほか、いろいろなタグや属性が補完されます。

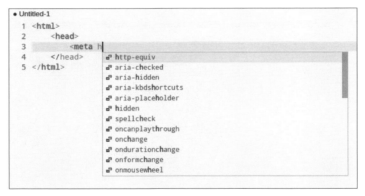

図2-11 「head」タグが補完される例

図2-12 属性「http-equiv」が補完される例

[2-3] ファイルの管理

■「エクスプローラ」の利用

●未保存のファイルがあると

図2-11のように入力した時点で、作業画面の左側のいちばん上にある「ファイル」のアイコンに、青い丸に白い文字で「1」と表示されます。

図2-13　画面左のいちばん上にあるアイコン

この「1」という数字は、「未保存の編集ファイル」が1件あることを示しています(「1件」は、この作業画面が認識しているファイルの数です)。

「VSCode」の作業画面には「サイドビュー」があり、4つのアイコンで異なる役割のウィンドウを切り替えて使います。

たとえば、いちばん上の「ファイルのアイコン」をクリックしてください。

この作業画面で使うファイルの一覧を表示する、「エクスプローラ」ウィンドウが開きます。

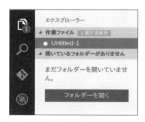

図2-14　「エクスプローラ」ウィンドウが開いた

第2章 「VSCode」を始めよう

図2-14では、2つの項目を表示しているのに注目してください。

項目名	概　要
作業ファイル	このウィンドウで開いて作業中のファイル。「Untitled(ファイル名未設定)-1」というファイルが1件あること、また1つのファイル（Untitled-1のこと）が未保存であることが表示されている。
まだフォルダを開いてません	このウィンドウにフォルダを登録することで、フォルダ内のファイルをエディタに表示するなどの作業ができる。図2-14では、何のフォルダも開いていない状態。

●ファイルを保存すると

「Untitled-1」のファイルをどこかに保存するの際は、よく知られた保存のショートカットキー（キーバインド）である「Ctrl+S」を押します。

すると、作業ウィンドウの中に、ファイルの参照操作画面が現われます。ここから好きな場所を選び、ファイルに名前をつけて保存できます。

図2-15　ファイルを直接保存

| ショートカットキー | **ファイルを保存** |

```
Ctrl+S
```

このようにしてファイルを保存すると、「作業ファイル」の内容がファイル名になり、「1個が未保存」という表示が消えます。

図2-16 「sample1.html」という名前でファイルを保存

●**フォルダを開く**

一方、「開いているフォルダがありません」という表示はまだ消えません。

この表示は、「sample1.html」を保存したフォルダを開くように勧めるものです。

フォルダを開く理由は、一般的なアプリケーションの開発は、何らかのフォルダの中で、いろいろなファイルを連携させて行なうためです。

そこで、「フォルダを開く」というボタンをクリックします。

すると、フォルダを参照する画面が現われるので、先ほど保存したファイルが置いてあるフォルダを開きます。

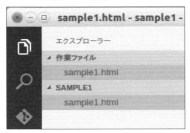

図2-17 「sample1.html」を置いたフォルダ「sample1」を開いた

「sample1」「sample2」…のように作業ファイルが複数ある場合は、それらをまとめている親フォルダを開くといいでしょう。

こうすることで、親フォルダの中にあるすべてのフォルダ、ファイルが「エクスプローラ」に表示され、そこから選んでファイルを開くことができます。

図 2-18　フォルダの親フォルダを開く

図2-19は、「sample1」以外のフォルダも含む、親フォルダ「javascript」を開いたところです。

「sample1.html」は先ほど保存ずみで、現在は「sample2.html」を編集中（未保存）となっています。

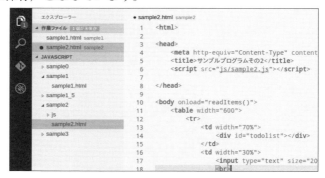

図 2-19　別のファイルを開いたところ

＊

これで、「VSCode」でテキストを編集する最低限の操作法は分かりました。これから、より詳しい使い方を試していきましょう。

「HTML＋JavaScript」アプリの編集

「HTML＋JavaScript」のアプリを編集する作業を通じて、「VSCode」の便利な機能を体験しましょう。

第3章 「HTML＋JavaScript」アプリの編集

3-1 本章で用いるサンプルコード

■「Todoアプリ」のようなもの

　これから、「HTML＋JavaScript」での編集作業を通じて、「VSCode」を体験していきますが、簡単なコードだと「VSCode」の便利さは実感できそうにありません。
　そこで、比較的長めのコードとして、前章の「sample1.html」を使って、リスト3-1を作っていきます。

【リスト3-1】「sample1.html」全文

```html
<html>

<head>
  <meta http-equiv="Content-Type" content="text/html;charset=UTF-8">
  <title>サンプルプログラムその1</title>
  <script>
    var idcount=0;

    function addInput(){
      var todoInput= document.getElementById("inputtodo");
      var todoText=todoInput.value;

      if(todoText == null || todoText==""){
        alert("Todo が空白デス ");
      }
      else{
        var newTodo = document.createElement("input");
        newTodo.setAttribute("type", "checkbox");
        newTodo.setAttribute("id", "check"+toString(idcount++));

        var label = document.createTextNode(todoText);
        var br=document.createElement("br");

        var root= document.getElementById("todolist");
        root.appendChild(newTodo);
        root.appendChild(label);
        root.appendChild(br);
      }
    }
  </script>
```

[3-1] 本章で用いるサンプルコード

```
</head>
<body>
<table width = "600">
  <tr>
    <td width="70%">
      <div id="todolist"></div>
    </td>
    <td width="30%">
      <input type="text" size="20" id="inputtodo"><br>
      <input type="button" value="Add" id="addinput"
       onclick="addInput()">
    </td>
  </tr>
</table>
</body>

</html>
```

リスト3-1は、HTMLにJavaScriptを埋め込んだ形式です。

また、「sample1.html」をブラウザで実行する方法は、図3-1〜図3-3に示す通りです。

まず、右側にあるテキストフィールドに、値を入力します。

図3-1　最初の一項目を入力

「Add」ボタンをクリックすると、入力した値がチェックボックスとともに一覧に追加されます。

図3-2　「Add」ボタンで左側に追加

第3章 「HTML＋JavaScript」アプリの編集

さらに、テキストフィールドに値を入れて、「Add」ボタンを押します。

図3-3 さらに追加したところ

■最初の状態

リスト3-1を「VSCode」で作るために、次の準備を行ないます。

●ファイルとフォルダの状態

「javascript」フォルダの中に「sample1」フォルダを置き、そこに「sample1.html」ファイルを置きます。

そして、「VSCode」で親フォルダである「javascript」フォルダを開いている状態にします。

図3-4 「VSCode」の最初の状態

●コードの内容

「sample1.html」の内容を、リスト3-2のように簡単にしておきます。

【リスト3-2】「sample1.html」の最初の状態

```html
<html>

<head>
  <meta http-equiv="Content-Type" content="text/html;charset=UTF-8">
  <title> サンプルプログラムその1</title>
</head>
<body>
</body>

</html>
```

3-2 「HTML文書」の扱い

■「HTML文」のコード補完の詳細

リスト3-2の「body」タグの間に、「左側には空白の領域、右側にはテキストフィールドとボタン」が置かれるように記述します（リスト3-3）。

【リスト3-3】「HTML」のbody要素

```html
<table width = "600">
  <tr>
    <td width="70%">
      <div id="todolist"></div>
    </td>
    <td width="30%">
      <input type="text" size="20" id="inputtodo"><br>
      <input type="button" value="Add" id="addinput
      onclick=" addInput()" >
    </td>
  </tr>
</table>
```

記述しながら、HTMLの主要な語が補完されるのを体験してください。

第3章 「HTML + JavaScript」アプリの編集

たとえば、「input」タグの属性「type」の値は限られているので、「text」「button」などは補完候補から選べます。

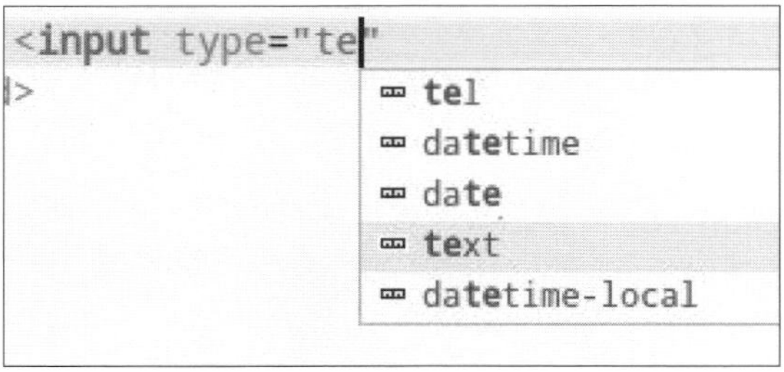

図 3-5　属性「type」の値である「text」が選べる

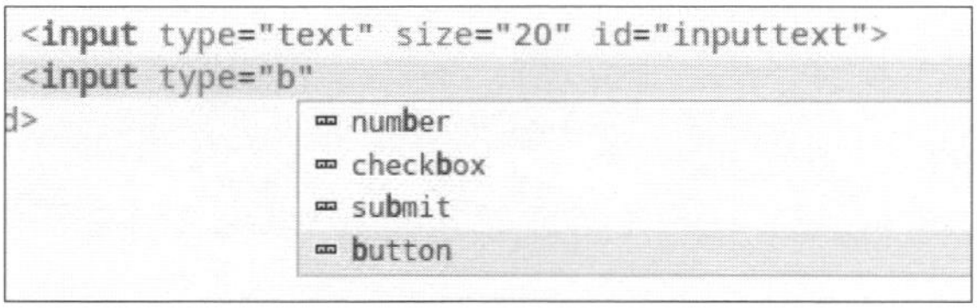

図 3-6　同「button」も選べる

入力中に、HTMLの構造に誤りがあると、「赤い波線」でエラーが表示されます。

細かいエラーまでは検知してくれませんが、タグの不整合など基本的なエラーに気づかずに長い時間を費やすような事態は免れるでしょう。

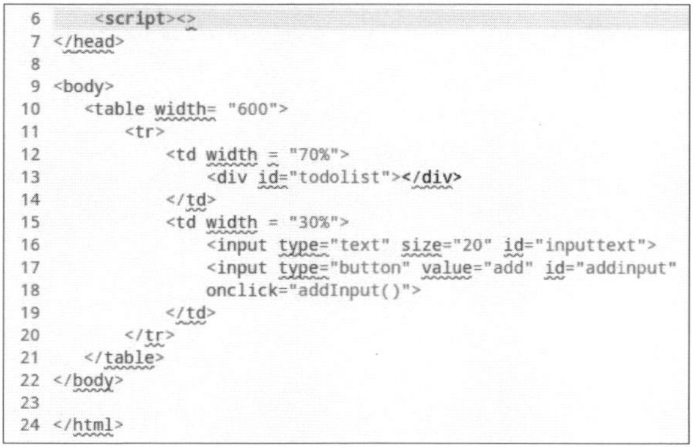

図 3-7　HTMLの構造が崩れていると、警告してくれる

[3-2] 「HTML文書」の扱い

■ブラウザで実行する方法

●ファイルの場所を開く

「VSCode」には、ボタンやメニューから特定のファイルをブラウザで実行する機能はありません。

(ただし、**第9章**で解説する、簡単な「タスク・ファイル」を書くと、可能になります)。

本章では、ファイルの場所(フォルダ)を、ファイル・ブラウザで開く方法を用います。

そこで、「エクスプローラ」ウィンドウで「sample1.html」を右クリックし、「このファイルのフォルダを開く」を選びます。

図3-8 右下にある「ファイルの種類」

これで、OSのファイルブラウザが開いて「sample1.html」のアイコンが表示されるので、右クリックなどからWebブラウザで開いて確認します。

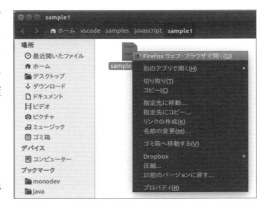

図3-9 ファイルブラウザに表示されたアイコンを操作

図3-1に示したような表示がされるかを確認してください。

ただし、クリックしたときの関数「addInput」はまだ定義していないので、

何も起こりません。

これから「VSCode」の機能を体験しつつ、JavaScriptで書いていきます。

3-3 「JavaScriptコード」の編集

■「JavaScriptコード」の補完

HTMLの<head>要素内にある、<script>要素の中に「JavaScript」を書くと、JavaScriptであることを認識して補完してくれます。

その様子を、補完の種類ごとに眺めましょう。

＊

JavaScriptで与えられている関数は、ほとんど補完されますが、「オブジェクトの種類」までは判別しないので、アルファベットを入力して候補を絞っていきます。

```
function addInput(){
    var todoInput = document.g
}
```

getElementById
getElementsByClassName
getElementsByName
getElementsByTagName
getElementsByTagNameNS
getSelection
msGetPrintDocumentForNamedFlow
updateSettings
nextSibling
previousSibling
DOCUMENT_FRAGMENT_NODE
DOCUMENT_POSITION_FOLLOWING

図3-10 「g」を入力して、「getElementById」を一覧に表示

＊

補完によって記入した関数が、どのような「引数」を取って、どのような「戻り値」を返すかも示してくれます。

図3-11のように、引数を書く括弧の中をクリックしてみましょう。

図3-11 「getElementById」の引数と戻り値

[3-3] 「JavaScriptコード」の編集

自分で定義した「変数」や「メソッド」も、次からは補完候補に出てきます。

```
function addInput(){
    var todoInput = document.getElementById("inputtodo");
    var todoText = toI|
}                     ● todoInput
```

図3-12　自分で定義した変数「todoInput」が補完候補に

*

JavaScriptの文法や参照のエラーを細かくは検知しませんが、「括弧が合わない」などで構造が乱れると、「赤の波線」で警告してくれます。

```
function addInput({
    var todoInput = document.getElementById("inputtodo");
    var todoText = todoInput.nodeValue;
    if(todoText==null || todoText==""){
        alert("Todoが空白デス");
    }else{
        var newTodo = document.createElement("input");
        newTodo.setAttribute("type", "checkbox");
        newTodo.setAttribute("id", "check"+toString(idcount++));

        var root = document.getElementById("todolist");
        root.appendChild(newTodo);
        root.appendChild(label);
        root.appendChild(br);
```

図3-13　括弧が閉じていないために構造が乱れたときのエラー

また、変数を定義しておきながら、まだ使っていないときも、その変数に「緑の波線」が引かれます。

*

では、リスト3-1のコードを完成させて、動作を確認してください。

3-4 「ファイル」と「フォルダ」の操作

■フォルダをコピー

「sample1.html」では、HTMLファイルの中にJavaScriptを書き込んでいました。

そこで、次のように操作してみましょう。

> このファイルを加工して独立のJavaScriptファイルとし、これをHTMLファイルから呼び出す。
> ファイルを加工する際は「sample1.html」をコピーして、「sample2.html」を作り、これを利用する。

この操作を行なうには、「エクスプローラ」の画面で「sample1」のファイルを同じ「javascript」フォルダ内にコピーします。

「sample1」のフォルダのノードを右クリックして「コピー」を選択し、続けて「エクスプローラ」のどこか空白を右クリックして「ペースト」を選びます。

図3-14 コピー&ペースト

「sample1」という名前のフォルダを同位置にコピーすると、自動で「sample2」という名前が与えられます。

しかし、中のファイルは「sample1.html」のままです。

[3-4] 「ファイル」と「フォルダ」の操作

図3-15　フォルダは「sample2.html」という名前でコピーされるが、中のファイルは同じ「sample1.html」

■ファイル名を変更する

そこで、この「sample1.html」の名前を、「sample2.html」に変更しましょう。

＊

「エクスプローラ」上で「sample1.html」を右クリックして、「名前変更」を選択します。

これでファイル名が編集可能になるので、「sample2.html」に変更してください。

図3-16　「名前変更」を選択して、ファイル名を編集

第3章 「HTML＋JavaScript」アプリの編集

図3-17　ファイル名を「sample2」に変更

■「フォルダ」と「ファイル」を新規作成する

「sample2」フォルダのJavaScriptファイルは、「js」というフォルダを作って、そこに置くことにします。

＊

新しいフォルダを作るには、「エクスプローラ」上で「sample2」フォルダを右クリックして、「新しいフォルダ」を選びます。

これでフォルダ名の入力欄が現われるので、「js」と入力してください。

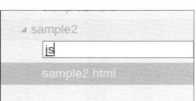

図3-18　新しいフォルダ「js」を作成

続けて、「js」フォルダを右クリックして「新しいファイル」を選び、新しいファイルを作ります。

入力欄が出たら、「sample2.js」と記入してください。

[3-4] 「ファイル」と「フォルダ」の操作

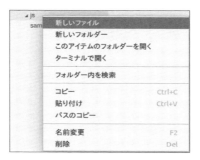

図3-19 新しいファイルを作る

■2つのファイル間で作業する

●1つの画面で表示するファイルを切り替える

「sample2.html」のJavaScriptの記述の部分を切り取って、「sample2.js」にペーストします。

「コピー」(Ctrl+C)、「切り取り」(Ctrl+X)、「ペースト」(Ctrl+V)などには、よく知られているショートカットキーがそのまま使えます。

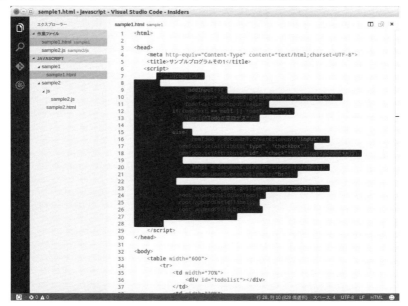

図3-20 JavaScriptの部分を選択して、切り取り

第3章 「HTML + JavaScript」アプリの編集

　「VSCode」の画面は、(いまのところ) 1つですが、そこに表示するファイルを切り替える方法がいくつかあります。
　たとえば、「エクスプローラ」上で開きたいファイルを探してクリックすると、画面がそのファイルに切り替わります。

＊

　なお、ペーストするとインデント（字下げ）が乱れることが多いので、その場合は、整形してください。
　整形は、右クリックメニューで「コードの書式設定」を選びます（ショートカットキーは「Ctrl+Shift+I」です）。

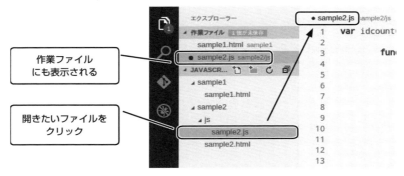

図 3-21　別のファイルを開いて、ペースト

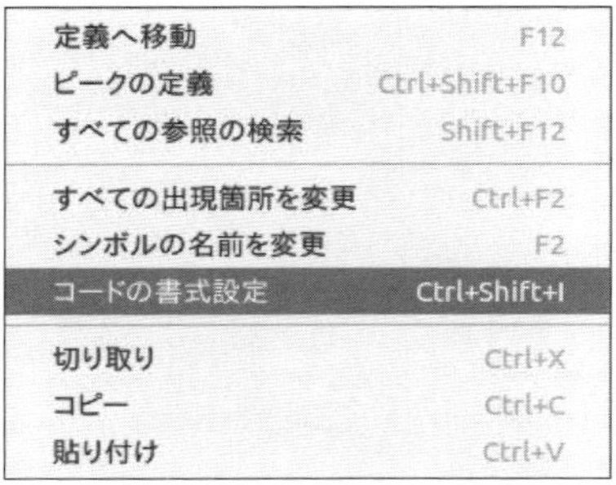

図 3-22　コードを整形

[3-4] 「ファイル」と「フォルダ」の操作

●ウィンドウを分割して開く

画面を左右に分割して、表示することもできます。

＊

片方のファイルを開いた状態にしておき、「エクスプローラ」上でもう一方のファイルを右クリックし、メニューから「横に並べて置く」を選択して開きます。

図3-23は、「HTML」ファイルの横に、「JavaScript」ファイルを開こうとしているところです。そして、その結果が図3-24です。

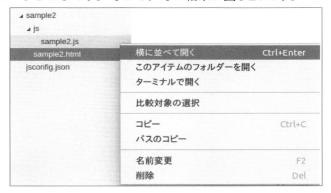

図3-23　隣りに開く

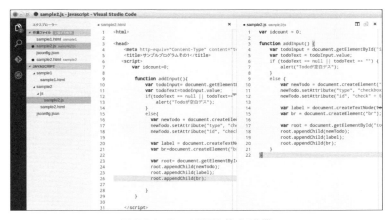

図3-24　2つの画面を並べて作業

第3章 「HTML + JavaScript」アプリの編集

　分割したウィンドウのどちらで作業するかは、そのウィンドウをクリックすれば容易に決められます。

＊

　一方、**表3-1**のショートカットキーでも、作業ウィンドウの切り替えができます。

　ただし、OS固有のショートカットキーと競合することもあるので、その場合は**8-1節**で解説する方法で変更してください。

表3-1 「作業ウィンドウ」を切り替えるショートカットキー①

ショートカットキー	作業ウィンドウ
Ctrl+1	最も左のエディタ
Ctrl+2	右のエディタ
Ctrl+3	最も左のエディタ
Ctrl+0	サイドバー
Ctrl+shift+Alt+ 左矢印	左のエディタ
Ctrl+shift+Alt+ 右矢印	右のエディタ
Ctrl+`(バッククオート)	エディタを巡回

　なお、「Ctrl+数字」の数字部分については「0～3」までしか用意されていません。

　また、作業ウィンドウを右（または左）にシフトするには、**表3-2**のショートカットキーを用います。

表3-2 「作業ウィンドウ」を切り替えるショートカットキー②

ショートカットキー	作業ウィンドウ
Ctrl+k の後、左矢印	左に移動
Ctrl+k の後、右矢印	右に移動

＊

　どのウィンドウがアクティブなのかは、**図3-25**に示すような「エクスプローラ」上のノードの様子で分かります。

[3-4] 「ファイル」と「フォルダ」の操作

図3-25 作業中のウィンドウを並べて作業

●すべて保存

作業中のファイルをすべて保存するには、メニューから「ファイル」→「すべて保存」を選びます（ショートカットキーはありません）。

＊

また、「エクスプローラ」上でも保存ができます。

作業したファイルは必ず「作業ファイル」の一覧に表示されるので、「作業ファイル」の見出しの部分にマウスカーソルを置いてください。

すると、「すべて保存」に相当するアイコンが現われるので、クリックするとすべて保存されます。

図3-26 「すべて保存」のアイコン

＊

「sample2.html」にあらかじめ書かれていたJavaScriptを、「js/samp

第3章 「HTML+JavaScript」アプリの編集

le2.js」に移動できたら、**リスト3-4**のコードを「sample2.html」に書いて、JavaScriptファイルを参照するようにしておきます。

【リスト3-4】「sample2.html」の「head」要素に追加

```
<script src="js/sample2.js">
</script>
```

「sample2.html」をWebブラウザで開き、「sample1.html」と同じ動作が得られることを確認してください。

●最近使ったフォルダ（ファイル）を開く

「VSCode」では、最後に作業していたフォルダとファイルは記憶されています。

「VSCode」を閉じてから、再起動すると、直前の作業フォルダとファイルが開かれます。

＊

一方、最近使った他のフォルダやファイルを開くには、メニューの「ファイル」→「最近使用した項目を開く」を選ぶと、一覧が出てきます。

図3-27　最近使ったファイルやフォルダを開く

3-5 意外に便利な「CSS」の編集

■「CSSファイル」のコード補完

●sample2.cssの作成と参照

フォルダ「sample2」内に、「js/sample2.js」を作ったのと同じ方法で、「css/sample2.css」を作ります。

「sample2.html」のほうには、「head」要素の中にリスト3-5のように、CSSへの参照を入れます。

【リスト3-5】「sample2.html」の「head」要素に追加

```
<link rel="stylesheet" type="text/css" href="css/sample2.css">
```

●要素がセレクタ

「h1」「p」など、標準のHTML要素をセレクタとする場合、一覧から選ぶことができます。

たとえば、図3-28は要素「h1」と入力するために「h」を押したところです。一覧が出てきて、ここから「h1」を選ぶことができます。

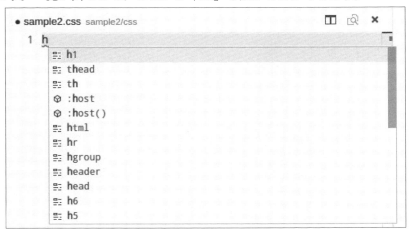

図3-28 一覧から、要素「h1」を選べる

プロパティも補完されます。

さらに、たとえば「color」プロパティの場合は、色のプレビューも表示されます。

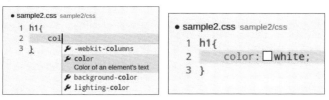

図 3-29　プロパティ「color」を補完（色のプレビューも表示される）

一方、プロパティ「padding」などの数値の値は、数字を入力すると「単位」を一覧から選べます。

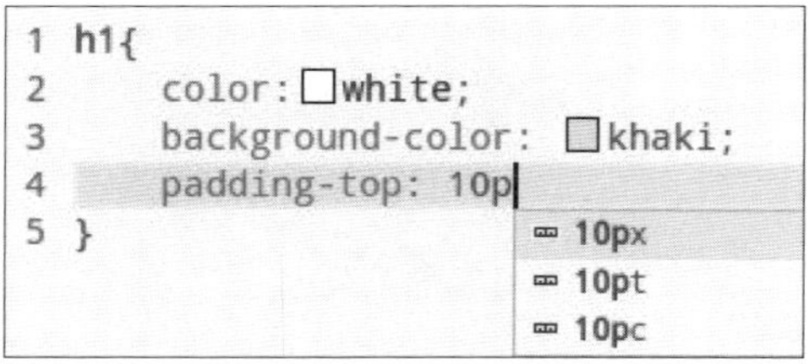

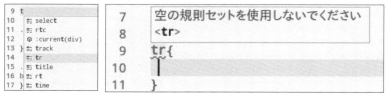

図 3-30　数値の単位が補完される

＊

ある程度、エラーも表示されます。

たとえば、**図3-31**は要素「tr」についてプロパティを記述しようとしているところですが、まだ空白なので、「空の規則セット（プロパティのこと）を使用しないでください」というエラーメッセージが表示されています。

図 3-31　エラーも、少しは表示される

では、CSSファイルを、**リスト3-6**のように書いてみましょう。

[3-5] 意外に便利な「CSS」の編集

【リスト 3-6】「sample2.html」の「head」要素に追加

```css
h1{
  color:white;
  background-color: khaki;
  padding-top: 10px;
  padding-bottom: 10px;
  padding-left: 10px;
}

tr{
  padding: 4px;
}

/* シマシマにする */
.odd{
  background-color: powderblue;
}

.even{
  background-color: khaki;
}
```

●コメント記号の付加

リスト3-6の「/*」と「*/」は、「CSS」におけるコメントアウトの記号です。このコメントアウトは、ショートカットキーで入力できます。

| ショートカットキー | **コメントアウト記号** |

| Ctrl+/（スラッシュ） |
| Ctrl+K のあとに Ctrl+C |

上記のキー操作では、「/**/」を入力し、中間にカーソルを置いてくれるので、そのままコメントを入力すれば、簡単に「コメント行」が完成します。

第3章 「HTML＋JavaScript」アプリの編集

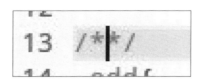

図3-32　ショートカットキーで生成する「コメント行」

3-6　プログラムの修正を効率的に

■JavaScriptとCSSで、"シマシマ"を実現

●各行を「p」で挟んでみよう

「sample1.html」では、「チェックボックス＋テキスト」で各行が表わされていましたが、それらが"シマシマ"になるように、色をつけていきます。

*

では、**リスト3-1**の一部を変更していきます。

まず、「function addInput(){」の直後に、**リスト3-7**のように新しいコードを入れていきます。

【リスト3-7】新規に入力するコード

```javascript
var p = document.createElement("p");
if(idcount%2==0){
  p.className="odd";
}
else{
  p.className="even";
}
```

要素「p」に与えるクラス名を、IDの偶奇によって変えるという処理です。これも、コード補完を利用して書いていくことができます。

[3-6] プログラムの修正を効率的に

```
if(idcount%2==0){
    p.c
}
```
- children
- className (property) HTMLElement.className: string
- contentEditable
- hideFocus
- isContentEditable
- onactivate

図3-33　要素「p」に対して「className」を補完から選ぶ

●「マルチ・カーソル」で一括変更

次に、すでに書いてあるコードの変数名を書き換えますが、「VSCode」の編集機能を活用してみましょう。

＊

このコードには、4つの「root」という語がありますが、このうち2番目と3番目を「p」に変更します。

この作業は、次のような手順で効率的にできます。

---

[1] 変換したい「root」のうち最初の語をダブルクリック。すると、「root」という単語全体が選択される。

[2] ショートカットキー「Ctrl+D」を押すと、次に出てくる「root」が追加で選択される。
（「Ctrl+D」はただの複数選択ではなく、マルチ・カーソルのための選択）。

```
var root = document.getElementById("todolist");
root.appendChild(newTodo);
root.appendChild(label);
root.appendChild(br);
```

図3-34　2番目と3番目の「root」という語が選択された

[3] カーソルキーを左右に動かすと、選択された2箇所のカーソルが同時に動く。そこで「root」を「p」に変更すると、どちらも一度に変更できる。

```
var root = document.getElementById("todolist");
.appendChild(newTodo);
.appendChild(label);
root.appendChild(br);
```

図3-35　カーソルを2つ同時に操作する

第3章 「HTML＋JavaScript」アプリの編集

　以上の操作で、要素「newTodo」と「label」を「root」ではなく「p」にぶら下がるようにできました。

＊

　最後に「p」を「root」に、ぶら下げます。
　リスト3-8のような書き換えになります（改行の「br」は必要ありません）。

【リスト3-8】最後の行を書き換え

```
//root.appendChild(br);
root.appendChild(p);
```

　実行すると、ブラウザによっては、「p」要素による改行の間隔が離れすぎていることがあります。

図3-36 「p」では間隔が空きすぎる場合もある

　そこで、要素を「p」ではなく「div」にしたらどうでしょうか。
　「p」の部分を改めて「マルチ・カーソル」で編集し、「div」に変更してみましょう。

　「VSCode」のエディタは、変数として定義されている「p」を、「type」や「append」のように他の単語の一部でしかない「p」と区別して認識します。
　そのため、変数「p」の前または後ろを一度クリックすれば、同じように変数として用いられている「p」だけがすべて抽出されます。

[3-6] プログラムの修正を効率的に

その状態でショートカットキー「Ctrl+F2」を用いると、「p」がすべて選択されて、「マルチ・カーソル」になります。

図3-37の右側は、「マルチ・カーソル」を動かして、「p」を一斉に消去したところです。

図 3-37 マルチ・カーソルにして、すべての「p」を一度に編集

ショートカットキー **マルチ・カーソル**

Crtl+D …選択した語と同一の、次の語を選択
Ctrl+F2 …選択した語と同一の語を、すべて選択

しかし、この操作では引用符に入っている「"p"」は選択されません。
「DOMドキュメント」を扱うので、引用符の中の「p」も「div」に変更したいところです。
そこで、「検索＆置換」機能を用いて、これを実現しましょう。

●「検索＆置換」機能

ショートカットキー「Ctrl+F」を押すと、「検索ウィンドウ」が表示されます。
ここから、抽出したい語句を入力するのですが、単に「p」と入力した

だけでは、コード内にあるすべての「p」が選択されてしまいます。

```
● sample2.js sample2/js
1  var idcount = 0;
2
3  function addInput() {
4      var todoInput = document.getElementById("inputtodo");
5      var todoText = todoInput.value;
6      if (todoText == null || todoText == "") {
7          alert("Todoが空白デス");
8      } else {
```

図3-38 検索ウィンドウで「p」を検索した結果

そこで、「正規表現」を使ってみましょう。手順は次のとおりです。

[1] 検索ウィンドウ中で「正規表現」ボタン（.*）を押す。

[2] 検索語に「語頭にあるp」の正規表現、「\bp」を入力。

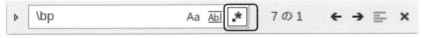

図3-39 「正規表現」による検索

[3] すべての変数「p」と、文字列「"p"」の中の「p」が選択されるので、「div」に置換する。

[4] 図3-39の左端にある「右向きの三角印」をクリックすると、下に「置換語」の入力欄が現われるので「div」と入力。

[5] 「置換語」の入力ウィンドウにある2つのボタンのうち右側の「すべて置換」を押す（左側は、「次を置換」）。

図3-40 すべてを置換

[3-6] プログラムの修正を効率的に

幸い、このファイルで「p」で始まる語は変数「p」と文字列「"p"」しかないので、「語頭にあるp」（\bp）で簡単に検索できました。

●変数の名前を変更

先ほど解説したのは「文字列の検索＆置換」であり、どんなファイルにも適用できる方法です。

一方、JavaScriptの変数である「p」を「変数名を変更する」機能で変更することもできます。
この場合は、引用符の中に入っている「"p"」は変更されません。

「名前の変更」には、変数名のどれか1つを選択しておき、ショートカットキー「F2」を用います。

```
if(idcount%2==0){
    p.className="odd";
}   p
else{
```

図3-41　名前を変更

＊

以上、プログラムを作る過程で、「VSCode」のさまざまな機能を体験できました。

図3-42　完成した「todo風アプリ」

第4章

VSCodeで「C♯」

本章では、「開発途中のVisual Studioのプロジェクトの続きを、「VSCode」を使ったLinuxで続ける」という想定のもと、「VSCode」での「C♯」の編集について確認していきます。

第4章 VSCodeで「C♯」

4-1 「C♯のアプリ」を編集する準備

■「C♯」の開発は「拡張機能」に

「VSCode」では、「C♯」の開発は「拡張機能」の扱いになります。
以下に「拡張機能」の導入方法を説明します。

[1] メニューで「表示」→「コマンド・パレット」を選ぶか、ショートカット「Ctrl+Shift+P」で「コマンド・パレット（操作命令一覧）」を表示。
[2] コマンドの検索欄に、「>」に続けて「拡張機能」と入力。
[3] 「拡張機能」に関するコマンド一覧が現われるので、「拡張機能のおすすめの表示」を選択。
[4] 「C#」という拡張機能が一覧に現われるので、右側のインストールのアイコン（雲に下矢印がついている形）をクリック。
[5] インストールが終了すると、インストールアイコンが「×」印の「アンインストールアイコン」に変わるVSCodeを再起動して変更を反映。

図4-1 「コマンド・パレット」で「拡張機能」のおすすめを表示

[4-1] 「C♯のアプリ」を編集する準備

図4-2 拡張機能「C#」をインストール

■Linuxで「C♯」を開発するのに必要な環境

●「Mono」の新しいバージョン

「VSCode」で「C♯」のソースコードに対し、補完機能や解析機能などを活用するには、Linuxの.NET互換環境プロジェクト「Mono」（バージョン4.0以上）が必要です。

しかし、Linuxのディストリビューションによっては、パッケージで与えられている「Mono」のバージョンが古いことがあります。

わざわざ新しい「Mono」のバージョンを新たに導入するよりは、最初から新しい「Mono」を取り入れているLinuxのディストリビューションを探して使ったほうが楽です。

そこで、本章のみ「Mono4.0.4」をサポートする「openSUSE Leap42」を利用していきます。

●「VSプロジェクト」であること

「VSCode」で「C♯」の補完機能や解析機能などを活用するには、「Visual Studioプロジェクト」としての情報が必要です。

本書では、Windowsの「Visual Studio」（Visual Studio2015 community）でプロジェクトの基礎を作りますが、Linux環境のみを用いる場合、「Mono」の専用開発ツールである「Monodevelop」を利用すると、同じことができます。

■「Visual Studio」でGUIを作成

●WinFormsアプリ

Windowsで「Vistual Studio」を操作してコードを作り、Linux上の「VSCode」で開いてみましょう。以降、図4-5まではWindows側の作業です。

第4章　VSCodeで「C♯」

　「Mono」がサポートするWindowsのGUIは、「WinForms」(Windows XPの標準)なので、「Mono」で使うことを想定して「WinForms」プロジェクトを選びます。

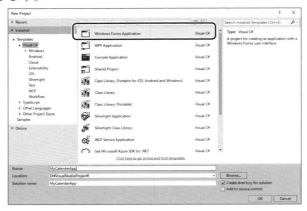

図4-3　「Winformsアプリ」を選ぶ

　「Visual Studio」の操作方法の解説は省略します。最終的に図4-4のような画面をデザインしてください。

図4-4　「Visual Studio」でGUIをデザイン

[4-1] 「C♯のアプリ」を編集する準備

適当な「C♯」のコードを得るために、たとえば次のように作ります。

・「カレンダーの日付」をクリックすると、テキストボックスに値が表示される。
・さらにテキストボックスから項目を選んで「追加」ボタンを押すと、下部のテキストフィールドに「日付と予定」の形で文章が表示される。

「Visual Studio」を使えば、苦労することなく、ある程度の内容をもつ「C♯」のファイルが出来ます。
アプリそのものが目的ではないので、別の動作でもかまいません。

図 4-5　適当な複雑さのアプリを作成

第4章 VSCodeで「C♯」

■「Visual Studio」のプロジェクトを、「VSCode」で開く

次に、「Visual Studio」のプロジェクトを、Linuxの「VSCode」で開いてみましょう。

＊

プロジェクトフォルダを「エクスプローラ」で見ると、図4-6のようになります。

図4-6 「Visual Studio」プロジェクトの内容

図4-6で編集できる「C♯」ファイルには、次のものがあります。

表4-1 編集できる「C♯」ファイル

ファイル名	概要
Form1.Designer.cs	「Visual Studio」で自動的に作成、記入される「C♯」のソースファイル。 GUIデザイナで画面をデザインした内容が書き込まれている。
Form1.cs	画面部品のイベントメソッドを書く場所。 主に自分で編集し、アプリの動作を記述する。
Program.cs	メインプログラム。 どのプロジェクトでもほぼ同様に、上記のプログラムを呼び出して起動する内容が書かれている。 いったん生成したら、書き換えることはないと考えてよい。

このような状態で、「cs」の拡張子がついたファイルを開いて、編集してみましょう。

4-2 「C#ソースコード」のサポート

■コード補完

図4-7は、「C#」のコード補完の様子です。「Visual Studio」と同じような、コード補完のウィンドウが出ます。

```
resultTextBox.Text += toDoString +", ";
res
    RefreshPropertiesAttribute
    ResetMouseEventArgs
    ResetText
    Resize
    ResizeBegin
    ResizeEnd
    ResizeRedraw
    ResolveEventArgs
    ResolveEventHandler
    RestoreBounds
    resultTextBox  resultTextBox
    ResumeLayout
```

図4-7　一度定義した変数がコード補完される様子

定義した変数のデータ型やクラス名も、図4-8の枠にあるようなツールチップ（バルーン）に表示されます。

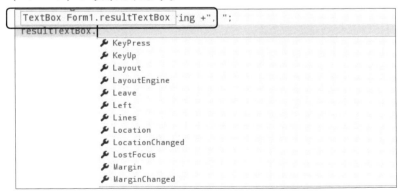

図4-8　定義した変数のデータ型に対応するコード補完

■「参照」を調べる

●変数やメソッドの定義箇所を調べる

「VSCode」では、変数やメソッドが、どこで定義されているかを検索できます。

「Visual Studio」のGUIアプリケーションのプロジェクトの場合、記述がいくつかのファイルに分かれているため、この機能はとても便利です。

＊

例を示しましょう。図4-9は、「Form1.cs」の編集画面です。

この中で呼び出されている「InitializeComponent」というメソッドを選択し、右クリックメニューで「定義へ移動」を選びます。

すると、定義箇所の書かれているファイルが開いてアクティブになります。

図4-9では、「Form1.Designer.cs」という別のファイルに定義されていることが分かります。

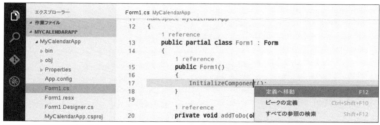

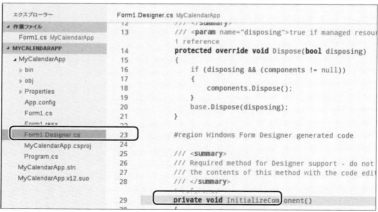

図4-9 自動作成されたメソッドの定義箇所を調べる

※この「Form1.Designer.cs」はVisual Studioが自動作成したファイルなので、「Visual Studio」上では基本的に隠されています。
しかし、テキスト・エディタなので自由に開いて見ることができ、編集もできます（ビルドできるかどうかは保証外）。

*

　また、同じ右クリックのメニューから「ピークの定義」（定義箇所を表示）を選ぶと、検索された定義箇所が、アクティブなウィンドウの中に一時的に表示されます。

　図4-10が定義箇所を表示した様子です。
　上下に見えるファイルは図4-9で検索をかけた「Form1.cs」で、真ん中に現われたのが、「Form1.Designer.cs」に書かれている定義箇所です。

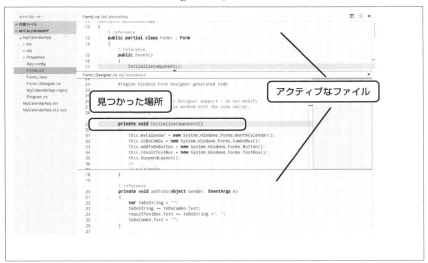

図4-10　「peek」では、見つかった場所が割り込んで表示される

●参照されている場所を調べる

　変数やメソッドが定義されている場所に、それが何箇所で参照されているかが数字で記されます。

　図4-11は、「Form1.Designer.cs」の内容です。

第4章　VSCodeで「C#」

定義されている変数「myCalendar」を見ると「7 references」（7箇所で参照されている）という記述があります。

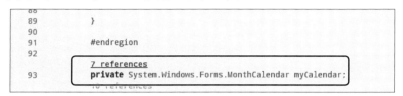

図4-11　「7 references」という記述

この記述は「リンク」になっており、クリックすると**図4-12**のように画面の中央にこの変数を参照している箇所が現われます。

数が多い場合は、右の一覧で見たい場所を切り替えることができます。

図4-12　7つの参照場所を切り替えて閲覧
上：同じ「Form1.Designer.cs」内の別の場所、下：別のファイルから参照している場所

4-3 「Visual Studio」以外のC#ソースコード

■基本的なコードの補完

「Visual Studio」プロジェクトの情報をまったくもたない、「ただのC#ファイル」では、GUIなどの参照アセンブリ(ライブラリ)はコード補完されませんが、「C#の基本的なキーワード」は補完されます。

たとえば「if文」や「for文」は、基本的な枠組みまで自動記入されます。

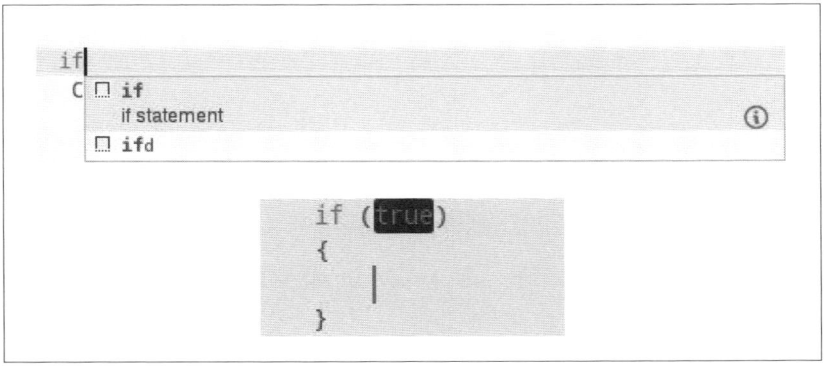

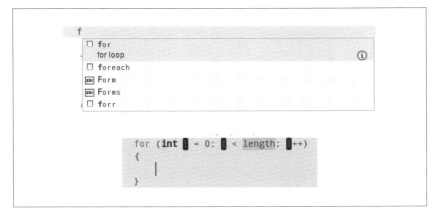

図4-13 「if文」が補完される様子

図4-14 「for文」が補完される様子

第4章　VSCodeで「C＃」

＊

自分で定義した変数やメソッドも、次からは補完候補に出てきます。

図4-15は、「Visual StudioではないC＃ファイル」でのコード補完の様子です。

補完候補の「calendar」「location」などは、APIとは関係なく、すでに入力ずみの語の中からリストアップされています。これだけでもだいぶ楽ではないでしょうか。

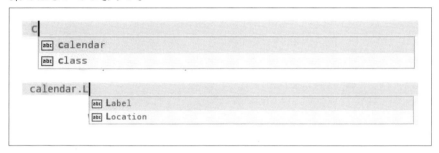

図4-15　言語に関わらず、入力ずみの単語は補完候補に挙がる

＊

「C＃」は「VSCode」で編集するには手軽とは言えません。

以後の操作は「JavaScript」を中心に説明し、「C＃」については特徴のある話題のみ紹介します。

第5章

「VSCode」の操作を選ぶ

> 第2章で「VSCode」の操作を一通り学びましたが、本章では目的の操作を行なうための、「コマンドメニュー」「コマンド・パレット」「キーボード・ショートカット」を探す方法を紹介します。

第5章 「VSCode」の操作を選ぶ

5-1 「メニューバー」のメニュー

■「ファイル」メニュー

「ファイル」メニューの項目は、次の通りです。

```
ファイル(F)  編集(E)  表示(V)  ジャンプ(G)  ヘルプ(H)
  新規ファイル(N)                            Ctrl+N
  新しいウィンドウ(N)                   Shift+Ctrl+N
  ファイルを開く(O)...                        Ctrl+O
  フォルダーを開く(F)...
  最近使用した項目を開く(R)                        >
  保存(S)                                   Ctrl+S
  名前を付けて保存(A)...                Shift+Ctrl+S
  すべて保存(L)
① 基本設定(P)                                    >
  ファイルを元に戻す(I)
② エディターを閉じる(E)                      Ctrl+W
③ フォルダーを閉じる(F)
④ ウィンドウを閉じる(W)                Shift+Ctrl+W
  終了(X)
```

図5-1 「ファイル」メニュー

＊

「ファイル」メニューの構成は、いろいろなOSやソフトに共通するものになっているため、ここでは特筆すべき部分のみ説明します。

①基本設定

第2章で外観を変更するときに、この項目のサブメニュー「配色テーマ」を開きました。

他にも、「ユーザー設定」「一般設定」など、いろいろな設定ができますが、JSON形式で書かれた設定ファイルを、直接編集しなければなりません。

これについては、第8章で説明します。

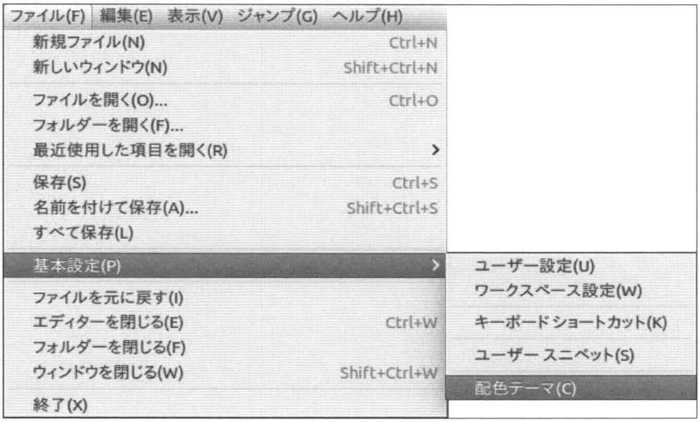

[5-1] 「メニューバー」のメニュー

図5-2 「ファイル」→「基本設定」のサブメニュー

②エディタを閉じる

「エディタ」(ウィンドウ上の分割された画面)の中で、アクティブであるものを閉じます。

図5-3 2つの画面のうち、アクティブなものを閉じる

第5章 「VSCode」の操作を選ぶ

　「エディタ」が1つしかない場合は、エディタ部分が「空」になりますが、「エクスプローラ」のリストは残ります。

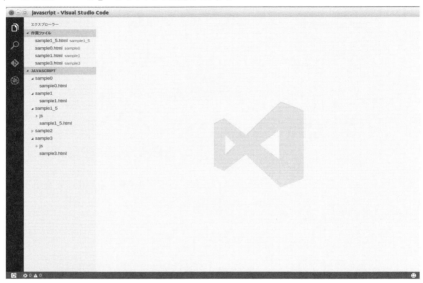

図5-4　エディタを閉じても、ファイルやフォルダのリストは残る

③フォルダを閉じる

　「エクスプローラ」ごと閉じます。閉じた後は、「新規」のエディタが1つだけ表示された状態になります。

④ウィンドウを閉じる

　「VSCode」は、「新規ウィンドウ」を複数開くことができます。
　このコマンドは、その中でアクティブになっているウィンドウを閉じます。

[5-1] 「メニューバー」のメニュー

図5-5 複数のウィンドウ

＊

このように「閉じる」のコマンドは、細かい形式に分かれています。
上記の操作コマンドとその意味は、しっかり理解しておきましょう。

■「編集」メニュー

「編集」メニューの項目は、次のとおりです。

編集(E)	表示(V)	ジャンプ(G)	ヘルプ(H)
元に戻す(U)			Ctrl+Z
やり直し(R)			Ctrl+Y
切り取り(C)			Ctrl+X
コピー(O)			Ctrl+C
貼り付け(P)			Ctrl+V
すべて選択(S)			Ctrl+A
検索(F)			Ctrl+F
置換(R)			Ctrl+H
ファイル内を検索(I)			Shift+Ctrl+F

図5-6 「編集」メニュー

「編集」メニューの構成も、いろいろなOSやソフトに共通するものになっています(なお、「検索」については、**7-2節**で説明します)。

第5章 「VSCode」の操作を選ぶ

■「表示」メニュー

「表示」メニューの項目は、次のとおりです。

```
表示(V)  ジャンプ(G)  ヘルプ(H)
① エクスプローラー(E)              Shift+Ctrl+E
② 検索(S)                         Shift+Ctrl+F
③ Git(G)                          Shift+Ctrl+G
④ デバッグ(D)                      Shift+Ctrl+D
⑤ コマンド パレット(C)...           Shift+Ctrl+P
⑥ エラーと警告(E)...                Shift+Ctrl+M
⑦ 出力の切り替え(O)                 Shift+Ctrl+H  ★
⑧ デバッグ コンソールの切り替え(B)   Shift+Ctrl+Y  ★
   全画面表示の切り替え(F)                   F11  ★
   メニュー バーの切り替え(B)                     ★
   エディターを分割(E)
   サイドバーの切り替え(T)              Ctrl+B  ★
⑨ サイドバーを移動(M)
⑩ パネルの切り替え(P)                 Ctrl+J  ★
⑪ 折り返しの切り替え(W)               Alt+Z   ★
   空白文字の表示の切り替え(R)
   拡大(Z)
   縮小(U)                           Ctrl+-
```

図5-7 「表示」メニュー
★は、選択で表示と非表示が切り替わる。

①〜④は、サイドバーを切り替えるものです。

図5-8 サイドバーを切り替える

[5-1] 「メニューバー」のメニュー

＊

その他、特筆すべき項目を解説していきます。

⑤コマンド・パレット

「VSCode」の操作コマンド一覧で、選択すればそのコマンドを利用できます(図4-1で使用)。

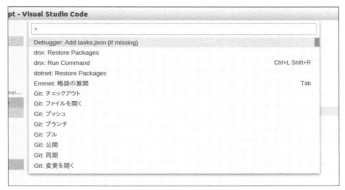

図5-9　コマンド・パレット

⑥エラーと警告

上部中央に、ソースコードのエラーを表示します。

図5-10は、JavaScriptのエラーが表示されたところです。

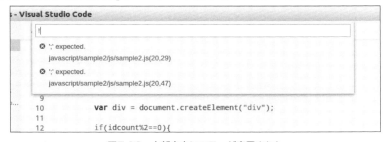

図5-10　上部中央にエラーが表示された

⑦出力／⑧デバッグコンソール

コンパイルやデバッグなどを行なった結果は、画面下部に表示されます。

図5-11は、9-1節で説明する「タスク設定ファイル」を用いて、C＃のソー

第5章 「VSCode」の操作を選ぶ

スコードをコンパイルしたときのエラーメッセージです。

なお、「タスク・ファイル」の書き方は、本書では省略します。詳しくは工学社のサポートページを参照してください。

図5-11 コンパイル失敗の出力が表示される

⑨サイドバーを移動

初期設定では左に配置してあるサイドバーを、右側配置に変更します。

図5-12 サイドバーが右に

⑩パネルの切り替え

「出力」や「デバッグコンソール」を含めて、下部パネルを表示する項目です。

⑪折り返しの切り替え

文章の折り返し表示ができます。図5-13の「21行目」を見比べてください。

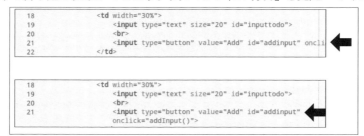

図5-13 「ワードラップ」による折り返し表示

[5-1] 「メニューバー」のメニュー

■「ジャンプ」メニュー

「ジャンプ」メニューの項目は、次のとおりです。

ジャンプ(G)	ヘルプ(H)	
①	戻る(B)	Ctrl+Alt+←
②	転送(F)	Shift+Ctrl+←
③	履歴を参照(N)	Ctrl+Tab
	ファイルに移動(F)...	Ctrl+P
④	シンボルに移動(S)...	Shift+Ctrl+O
⑤	定義に移動(D)	F12
⑥	行に移動(L)...	Ctrl+G

図5-14 「ジャンプ」メニュー

①戻る／②転送

①は前にカーソルを置いた位置に戻る、②は戻ったところからまた前に進む、というコマンドです。

同じエディタ（ファイル）の中だけでなく、同じウィンドウの他のエディタに戻ったり進んだりすることができます。

③履歴を参照

これまでに作業したファイルの一覧が履歴表示されます。

この履歴は、「VSCode」を一度閉じた後でも記憶されています。

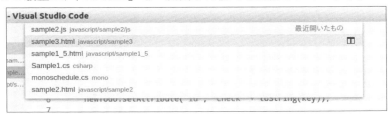

図5-15 作業履歴の表示

第5章 「VSCode」の操作を選ぶ

④シンボルに移動

一覧から選択されたシンボルの定義箇所に、カーソルが移動します。

図5-16　シンボルを選んで定義箇所へ

⑤定義に移動

ファイル上でシンボルを選んだ状態でこの項目を選ぶと、その定義箇所へカーソルが移動します。

右クリックで選ぶことのできる、同名のメニュー項目（**第4章**）と同じです。

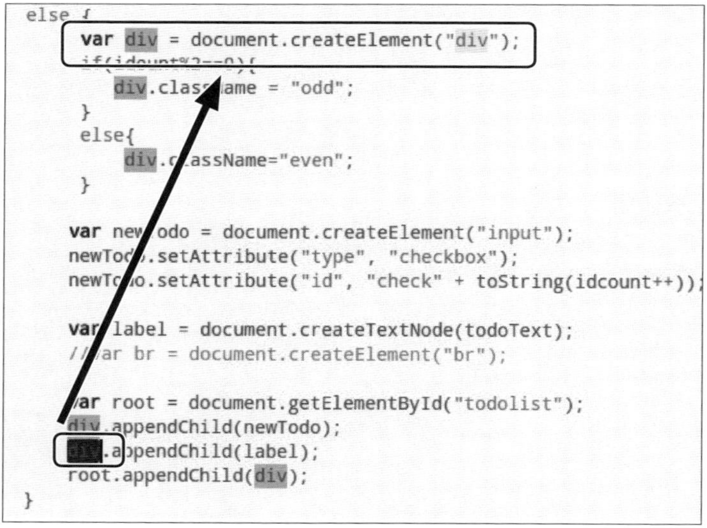

図5-17　「div」を選んで、定義に移動

⑥行に移動

画面上部中央に、「行番号」を入力する欄が出ます。ここに任意の番号を指定すると、その行を表示します。

[5-1] 「メニューバー」のメニュー

図5-18 「行番号」を入力する

■「ヘルプ」メニュー

「ヘルプ」メニューの項目は、次のとおりです。

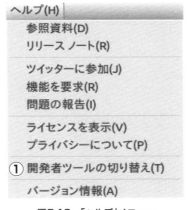

図5-19 「ヘルプ」メニュー

①開発者ツールの切り替え

「VSCode」そのものの開発ツールです。

「VSCode」はWebブラウザの描画機能を基に造られているので、Webアプリ開発画面のような感じになっています。

第5章 「VSCode」の操作を選ぶ

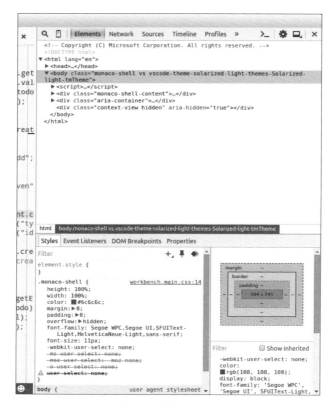

図5-20　開発者ツール

5-2 コマンド・パレット

■コマンドの検索

「コマンド・パレット」は、メニューバーの「View」→「Command Palette」、もしくはキーバインド「Shift+Ctrl+P」で表示できます。

「コマンド・パレット」から効率的にコマンドを探すには、「検索文字入力欄」に、目的の操作を最もよく表現した語句を入力します。

たとえば、**図5-21**では何かを変更するコマンドを検索するのに「変更」と入力したところです。

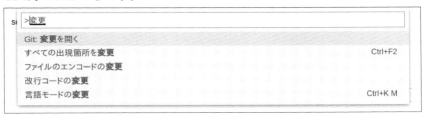

図5-21 「コマンド・パレット」に、「変更」と入力

また、コマンドには分類されているものもあります。

図5-22は「表示」と入力したところですが、その名前に分類されているコマンドが優先的に抽出されます。

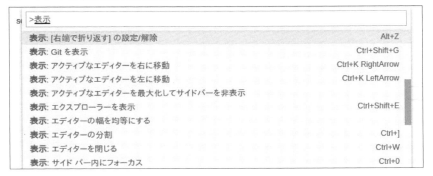

図5-22 「コマンド・パレット」に、「表示」と入力

第5章 「VSCode」の操作を選ぶ

5-3 キーボード・ショートカット

■「キーボード・ショートカット」の一覧を表示

●一覧の開き方

「キーボード・ショートカット」の一覧を表示するには、メニューバーの「ファイル」→「基本設定」→「キーボード・ショートカット」を選びます。

図5-23 「キーボード・ショートカット」の確認と設定をするコマンド

これで2つのエディタに分かれて、「JSON」形式のファイルが表示されます。

右側は、自分に固有の設定をする欄です。

この設定については、後で他のカスタマイズと合わせて行なうので、いまは閉じて左側のだけが表示された状態にしてください。

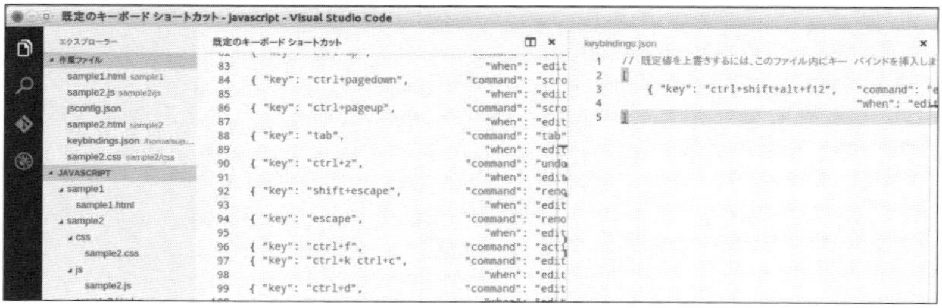

図5-24 右側のエディタは閉じて、左側のみの表示にする

[5-3] キーボード・ショートカット

●一覧の見方

「キーボード・ショートカット」は、たとえば次のような表記になっています。

これは、「ctrl+end」を押すと、カーソルがファイルの末尾に行くことを表わしています。

ただし、「エディタに書かれている内容に、フォーカスが置かれている」という条件があります。

```
{ "key:"" ctrl+end" , ... 押すキー
"command: "cursorBottom" , ... 操作
"when" : "editorTextFocus" ... 条件（ないときもある）
},
```

●操作の分類

一覧の中で、「"command"」という部分の内容を見ると、何のための操作かが分かります。

よく使われるのは、「cursor...」（カーソル操作）、「editor.action...」（編集）、「workbench.action...」（ウィンドウ操作）などです。

```
 7      y": "ctrl+end",              "command": "cursorBottom",
 8                                    "when": "editorTextFocus" },
 9      y": "ctrl+shift+end",        "command": "cursorBottomSelect",
10                                    "when": "editorTextFocus" },
```

図5-25 「cursor...」はカーソル操作

```
 99     y": "ctrl+c",                "command": "editor.action.clipboardCopyAction" },
100     y": "ctrl+x",                "command": "editor.action.clipboardCutAction" },
101     y": "ctrl+v",                "command": "editor.action.clipboardPasteAction" },
```

図5-26 「editor.action...」は編集操作

```
277     { "key": "ctrl+k f",         "command": "workbench.action.closeFolder" },
278     { "key": "escape",           "command": "workbench.action.closeMessages",
```

図5-27 「workbench.action...」はウィンドウ操作

●日本語キーボードの問題

「キーボード・ショートカット」は、「英語キーボード」に基づいているため、日本語のキーボードでは対応できないこともあります。

第5章 「VSCode」の操作を選ぶ

「キーボード・ショートカット」の一覧では、その点を「アイコン」と「ツールチップ」で表示してくれます。

以下のものについては、注意してください。

＊

表記されているキーの中で、「[」は「@」に、「]」は「[」に変更する必要があります。

これは、関数やメソッドなど「折りたたみ」を操作するショートカットが例として挙げられます。

```
197   { "key": "t For your current keyboard layout press Ctrl + Shift + @  e
198              Key or key sequence (separated by space)                  e
199   { "key": ❶ "ctrl+shift+[",         "command": "editor.fold",
200                                      "when": "editorFocus" },
201   { "key": ❶ "ctrl+shift+alt+[",     "command": "editor.foldAll",
202                                      "when": "editorFocus" },
203   { "key": ❶ "ctrl+shift+]",         "command": "editor.unfold",
204                                      "when": "editorFocus" },
205   { "key": ❶ "ctrl+shift+alt+]",     "command": "editor.unfoldAll",
206                                      "when": "editorFocus" },
```

図5-28 「[」と「]」は、入力するキーを変える必要がある

また、エディタのフォーカスを順に切り替えるショートカット「Ctrl+'（バッククォート）」は、日本語キーボードでは利用できません。

```
283  You won't be able to produce this key combination under your current keyboard
284  layout.
285   { "key": ❷ "ctrl+`",            "command": "workbench.action.cycleEditor" },
```

図5-29 「バッククォート」は使えない

第6章

効率的なカーソル操作

「HTML+JavaScript」「C♯」の編集を例に、より良いソースコードを書くための「カーソル操作」について、解説します。

第6章 効率的なカーソル操作

6-1 「カーソル移動」と「選択」

■「カーソル移動」のショートカットキー

カーソルを移動するためのショートカットキーは、次のようになっており、原則として「Shift」キーを合わせると、「移動元から移動先まで選択」になります。

・「カーソルキー」を一回押すことで、上下左右に1字ずつ移動できる。
・「Shiftキー」を押しながら「カーソルキー」を押していくと、1字ずつ選択範囲を増やせる。

以降の内容では、これらの操作は自明のこととして、説明を省略します。

●1語ずつ移動

カーソルが1つの語の途中にあるとき、次のショートカットキーで、カーソルをその場所から語頭（語末）に移動できます。

| ショートカットキー | 1語ずつの移動 |

| Ctrl+左 | … | カーソルを語頭に移動 |
| Ctrl+右 | … | カーソルを語末に移動 |

            ＊

このカーソル移動が便利なのは、シンボル名の一部だけを変更したい場合です。

図6-1は、「getElementById」という関数を「getElementsByName」に変更するために、「カーソルを語末に移動」（ここでは、Shiftも押して選択にしている）のショートカットを使ったところです。

操作の手順としては、次のようになっています。

[1] 「getElement」と「ById」の間にカーソルを置く。
[2] そこから、「次の語」である「括弧」の直前まで選択。
[3] 選択した部分を「sByName」に書き換える。

[6-1] 「カーソル移動」と「選択」

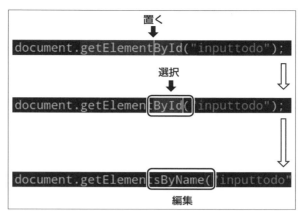

図6-1 「語末まで選択」を利用して、関数名の一部を書き換える

●語全体を選択

語全体を選択するには、その語のどこかをマウスでダブルクリックします。
また、マウスを使わずに語全体を選択するには、次のショートカットキーを利用します。

[ショートカットキー] **語全体を選択**

```
Ctrl+D
```

●1行ずつ移動

カーソルが任意の行の途中にあるとき、以下のショートカットキーで、カーソルを行頭（行末）に移動できます。

[ショートカットキー] **1行ずつの移動**

```
Home  …  カーソルを行頭に
End   …  カーソルを行末に
```

行全体を選択するには、トリプルクリックするか、次のショートカットを利用します。

第6章　効率的なカーソル操作

[ショートカットキー] **カーソルのある行全体を選択**

```
Ctrl+I
```

このショートカットが優れているのは、インデントを含まない「行頭」にカーソルが行くところです。

このおかげで、行番号のあるところからインデントをたどってカーソルを動かす必要がありません。

図 6-2　「行頭」とはインデントを含まない

一方、行全体を選択するときはインデントも含みます。

図 6-3　行全体が選択された様子

●文の最初（最後）に移動する

次の操作で、文書の最初（最後）に移動できます。

[ショートカットキー] **文書の最初（最後）に移動**

Ctrl+Home	…	カーソルを文書の最初に
Ctrl+End	…	カーソルを文書の最後に

「Shift」キーを併せて用いると、カーソルを置いた場所から文書の最初（最後）までを選択できます。

> ※「ミニキーボード」のように、「Home」や「End」のキーを、「Fn」キーとともに使う場合、「Shift」キーを用いた選択操作はできない可能性があります。このような場合は、8-2節を参照して、「キーボード・ショートカット」を変更してください。

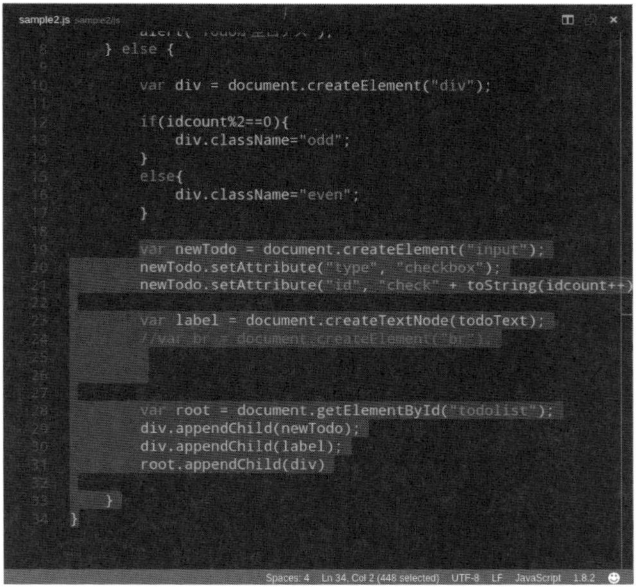

[6-1] 「カーソル移動」と「選択」

図6-4 カーソルを置いた場所から、文書の最後までを選択

● 1画面ぶん前進(後退)

次の操作で、カーソルが置いてある場所から内容を1画面ぶん前進(後退)させて表示できます(下にスクロールするのが「前進」です)。

| ショートカットキー | 1画面ぶんの移動 |

| PageUp | … | 1画面ぶん上のほうを見る(後退) |
| PageDown | … | 1画面ぶん下のほうを見る(前進) |

「Shift」キーとともに操作すれば、1画面ずつ確認しながら大きな領域を選択していけることになります。

第6章 効率的なカーソル操作

6-2 指定範囲を編集

■指定範囲を削除

●隣の1字を削除

字を削除するために使う「Delete」キーと「Backspace」キーですが、「VSCode」では逆の動きとなり、「Delete」キーは「カーソルの右側の1字」を、「Backspace」は「カーソルの左側の1字」を削除します。

[ショートカットキー] **文字の削除**

Delete	…	カーソルの右側を1字削除
Backspace	…	カーソルの左側を1字削除

図6-5 カーソルの隣を1字削除

●語頭(語末)まで削除

「Delete」キーと「Backspace」キーの違いは、「Ctrl」キーとともに用いると、よりハッキリします。

「Delete」キーはカーソルを置いた位置から語末まで、「Backspace」キーは語頭までを削除します。

[ショートカットキー] **語句の削除**

Ctrl+Delete	…	カーソル位置から語末までを削除
Ctrl+Backspace	…	カーソル位置から語頭までを削除

[6-2] 指定範囲を編集

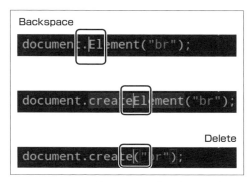

図6-6　カーソル位置から語頭（語末）までを削除

●行全体を削除

カーソルのある行全体を削除するには、次のショートカットキーを用います。

[ショートカットキー] **カーソルのある行全体を削除**

```
Ctrl+Shift+K
```

■「行」に関する編集

削除以外にも、「行」単位で編集するショートカットがあります。

●行のコピー

次のショートカットキーで、カーソルのある行をコピーできます。
上下の行にコピーできるので、同じような記述を複数行書くための土台として使えます。

[ショートカットキー] **カーソルのある行をコピー**

```
Ctrl+Shift+Alt+ 下矢印   …   カーソルのある行を下にコピー
Ctrl+Shift+Alt+ 上矢印   …   カーソルのある行を上にコピー
```

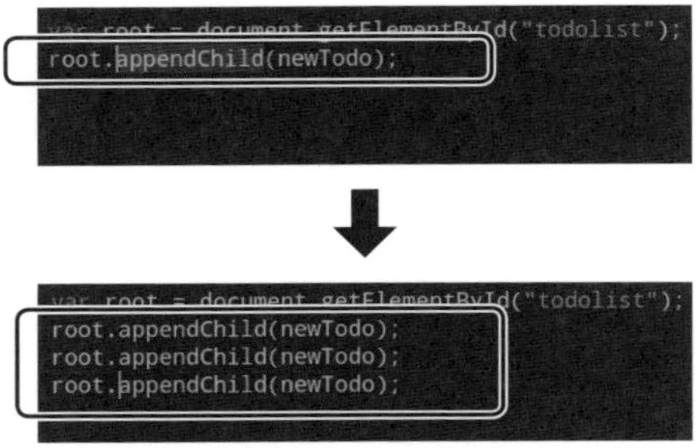

図6-7 カーソルのある行をコピーする

> ※OSのショートカットキーと競合することが多いので、8-2節に示すように設定を変更してください。

●行の移動

次のショートカットキーで、カーソルのある行を上下に移動できます。上下に他の行がある場合、それと置換されることになります。

[ショートカットキー] **カーソルのある行を移動**

Alt+ 上矢印	…	カーソルのある行を上に移動
Alt+ 下矢印	…	カーソルのある行を下に移動

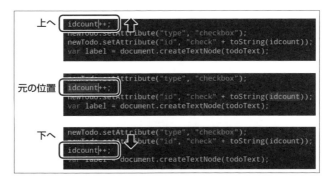

図6-8 カーソルのある行を上下に移動

●下に「空行」を追加

「改行」キーは通常、カーソルを置いたところから下に1行送りますが、次のショートカットキーは、カーソルのある行に「空行」を追加します（カーソルは、行のどこに置いてあってもかまいません）。

[ショートカットキー] **下に「空行」を追加**

> Ctrl+Enter … カーソルがどこにあっても「空行」を追加

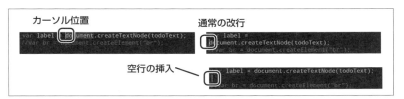

図6-9 カーソルがどこにあっても「空行」を追加

●上に「空行」を追加

「改行」キーは「下に」空行を追加しますが、次のショートカットキーでは、カーソルのある行の「上に」空行を追加します（カーソルは、行のどこに置いてあってもかまいません）。

[ショートカットキー] **上に「空行」を追加**

> Ctrl+Shift+Enter … カーソルのある行の「上に」空行を追加

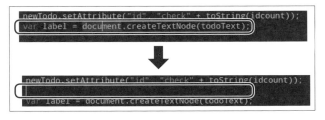

図6-10 カーソルのある行の「上に」空行を追加

6-3 ソースコードに特化した操作

■ジャンプ

●定義箇所へのジャンプ

前章の図5-19で解説しましたが、ソースコード中でシンボルを選択すると、その定義箇所にジャンプできます。

[ショートカットキー] **選択したシンボルの定義箇所へジャンプ**

F12

●定義内容を表示

シンボル（変数や関数）にカーソルを置くと、その説明が表示されます。

そこで「Ctrl」キーを押すと、シンボルを定義した箇所がバルーン・ウィンドウ上に表示されます。

図6-11は、変数「div」が記載されている箇所のひとつの上にカーソルを置いたところです。

```
div.appendChild( (local var) div: HTMLDivElement
root.appendChild(div)
```

図6-11 「div」という変数の記載箇所に、バルーンが出た

図6-11の状態で「Ctrl」キーを押すと、この変数「div」を定義した内容がバルーンの中に表示されます。

図6-12のように定義箇所が離れているときも、手元で確認できます。

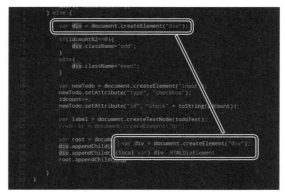

図6-12 定義内容がバルーンに表示される

[6-3] ソースコードに特化した操作

関数の定義内容も、「Ctrl」キーを押すと図6-13のように、バルーンに表示されます。

図6-13では、後から定義してある内容を手元で読むことができます。

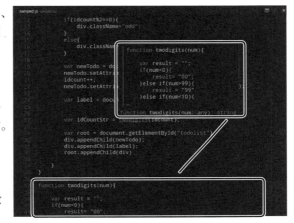

図6-13 関数の定義内容が、バルーンに表示される

●括弧の相手にジャンプ

カーソルが括弧の「右隣」にあるとき、次のショートカットキーで、その括弧の相手にジャンプできます（双方向の移動に対応しています）。

ショートカットキー 括弧の相手にジャンプ

```
Ctrl+Shift+]
```

図6-14 互いに括弧の相手に飛ぶ

第6章 効率的なカーソル操作

双方向で便利な一方、括弧を飛び石的にたどっていくということには使えません。

なお、この「括弧」は、HTMLやXMLの「タグ」も含みます。

■ここまでのカーソル操作の例

●長いHTMLを読んでいく

そこで、「長いHTML文を効率的に調べるために便利なショートカット」の例を示します。

図6-15は、改行なしでやたらに長い行がある、HTML文のサンプルです。

図6-15　やたらに長い行がある、HTML文の例

まず、この長い文を、折り返して見やすくしましょう。

第5章でも解説しましたが、折り返しのメニューは「表示」→「ワードラップ」で、ショートカットキーは「Alt+Z」です。

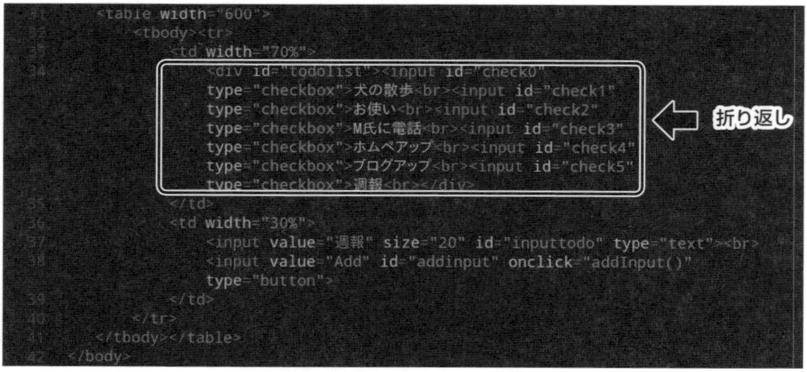

図6-16　折り返しで見やすくした

しかし、図6-16は字数で折り返しただけで、タグの相手は次の行の途

[6-3] ソースコードに特化した操作

中にあります。それを見つけ出すのに「Ctrl+Shift+]」を使います。

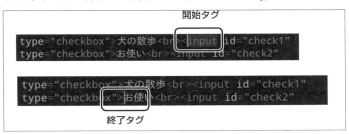

図6-17 タグの相手が、次の行に見つかる

　タグの間のテキストを「Ctrl+End」で飛ばすと、次のタグの手前にカーソルが移動します。
　このようにして、タグの内容、テキストの内容を効率良く読んでいくことができます。

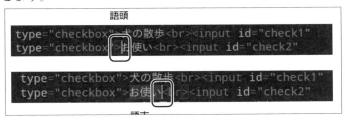

図6-18 タグ間のテキストは「語末」にカーソルを飛ばす

■書式を整える

●インデント

　文書を整形する（全体のインデント関係を整える）には、以下のショートカットキーを用います。

> ショートカットキー　**文書(インデント)を整形**
>
> ```
> Ctrl+Shift+I
> ```

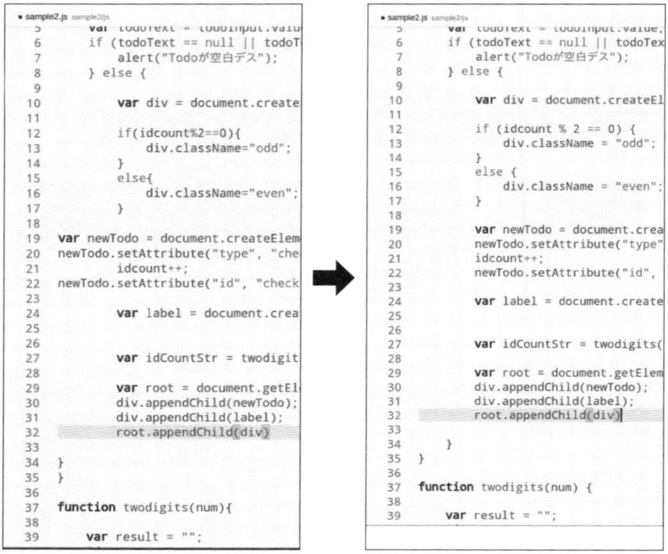

図 6-19　文書を整形

　1段階ずつインデントを増やしたり減らしたりする場合は、次のショートカットキーを用います。

ショートカットキー　インデントを操作

Ctrl+[	…	インデントを増やす
Shift+Tab	…	インデントを減らす

　これは、図6-20のように複数行を選択して一緒に動かせます。

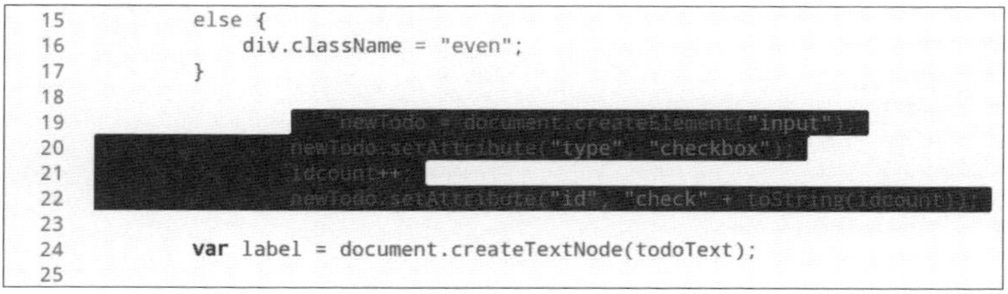

図 6-20　複数行を一緒にインデント

●文末の空白を削除

 他の書式のファイルのテキスト部分だけをコピー&ペーストしてもってくるなど、変則的な方法で編集をした場合、文末に空白ができることがあります。

 このような場合、次のショートカットキーで、空白を一気に削除できます。

> ショートカットキー **文末の空白を一気に削除**
>
> Ctrl+Shift+X

 図6-21は一部の行（矢印で示す部分など）に、文末の空白を含んだ状態で選択されている様子です。

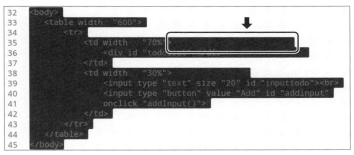

図 6-21　文末の空白も含んで選択されている

 図6-21の状態で「Ctrl+Shift+X」を押すと、図6-22のように、すべての行が「書かれている最後の文字」までしか選択されなくなり、空白が削除されたと分かります。

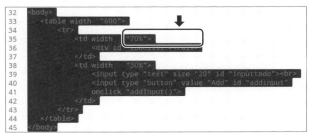

図 6-22　空白が削除された

第6章 効率的なカーソル操作

■コメント

●「コメント行」を追加

以下のショートカットキーで、「コメント行」を追加できます。

> [ショートカットキー] **「コメント行」を追加**
>
> Ctrl+Shift+/

「コメント行」は、そのプログラミング言語に合ったコメント記号とともに追加されます。

```
36
37   //
38   function twodigits(num) {
39
40       var result = "";
41       if (num < 0) {
```

```
<!---->
<body>
    <table width= "600">
```

図6-23 それぞれの言語に合ったコメント記号(左:JavaScript、右:HTML)

●コメントアウト

コードの書かれている行にカーソルを置いて「コメント行付加」のショートカットキーを用いると、その行がコメントアウトされます。

> [ショートカットキー] **カーソルを置いた行をコメントアウト**
>
> Ctrl+K のあと、Ctrl+C

```
var label = document.createTextNode(todoText);
var br = document.createElement("br");
         ↓
var label = document.createTextNode(todoText);
// var br = document.createElement("br");
```

```
11   <body>
12       <!--<h1>ToDoリスト</h1>-->
13       <table width="600">
14           <tr>
15               <td width="70%">
```

図6-24 コメントアウトされる(左:JavaScript、右:HTML)

「Ctrl+/」のショートカットでも、すでにコードの書いてある行に置いて行なえば、コメントアウトになります。

[6-3] ソースコードに特化した操作

また、コードの行末にコメント文を付加したい場合は、後述の「ブロック型コメント」を利用できます。

●コメントアウト解除

コメントアウトされている行の「コメント記号」を削除して有効な文に戻すには、次のショートカットキーを用います。

> [ショートカットキー] **コメントアウト解除**

```
Ctrl+K のあと、Ctrl+U
```

●複数行をまとめてコメントアウト

複数の行を一気にコメントアウトするには、複数の行を選択しておいて、以下のショートカットキーを用います。

> [ショートカットキー] **複数行をまとめてコメントアウト**

```
Shift+Ctrl+A
```

```
/* var newTodo = document.createElement("input");
   newTodo.setAttribute("type", "checkbox");
   idcount++;
   newTodo.setAttribute("id", "check" + toString(idcount));*/
```

```
11  <body>
12      <h1>ToDoリスト</h1>
13      <!--<table width="600">
14          <tr>
15              <td width="70%">
16                  <div id="todolist"></div>
17              </td>
18              <td width="30%">
19                  <input type="text" size="20" id="inputtodo">
20                  <br>
21                  <input type="button" value="Add" id="addinput" onclick="addInput()">
22              </td>
23          </tr>
24      </table>-->
25  </body>
```

図 6-25　複数行をまとめてコメントアウト（上：JavaScript、下：HTML）

カーソルを行頭または行末に置いて、このショートカットを使えば、行の中でその部分だけコメントにできます。

第6章 効率的なカーソル操作

```
var newTodo = document.createElement("input");/*  */
newTodo.setAttribute("type", "checkbox");
idcount++;
newTodo.setAttribute("id", "check" + toString(idcount));
```

図6-26　行末だけをコメントにする

●「JSDoc」のコメントを作る

　関数などにつける説明「JSDoc」のコメントを作るには、次のようなコメント記号の書き方が必要です。

【リスト6-1】「twodigits」という関数に「JSDoc」のコメントをつけた例

```
/**
 * 0-9の数字を2桁表示にして返す...など説明
 *@param{number}num
 *@return{string}
 */
function twodigits(num){ //ここから関数定義
...}
```

　このような説明を書くと、コード中の他の箇所で関数「twodigits」を参照しているところにカーソルを置くと、説明がバルーンで表示されます。

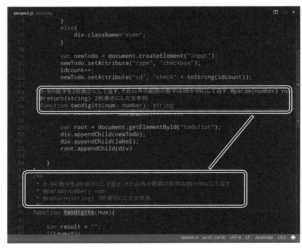

図6-27　「JSDoc」用のコメントとその効果

[6-3] ソースコードに特化した操作

　このようなコメントを書くためには、最初が「/**」で始まり、各行の頭に「*」がつくようなブロックを書かなければなりません。

　「VSCode」では、このような書き方を補完してくれます。
　最初の「/**」だけを、自分で打ってください。
　*/がカーソルの後ろに自動入力されます。

```
36
37   /** */
38   function twodigits(num) {
39
40       var result = "";
41       if (num < 0) {
```

図6-28　これだけは自分で打つ

　その後は改行していけば、自動で行頭に「*」が追加されます。

```
36
37   /**
38    *
39    */
40   function twodigits(num) {
41
```

図6-29　改行していけばよい

　なお、ブロックコメントを一気に解除できるショートカットキーはないので、外すときは地道に手作業で行なってください。

■折りたたみ

●折りたたみのできる箇所

　ソースコードをブロックごとに折りたためば、長いソースコードの中で自分の見たいブロックを効率的に探すことができます。

　折りたたみのできる箇所は、マウスカーソルをソースコード上の適当な場所に置くと、ブロックの最初に記号として現われます。

第6章　効率的なカーソル操作

```
● sample2.js  sample2/js
 1   var idcount = 0;
 2
 3   function addInput() {
 4       var todoInput = document.getElementById("inputtodo");
 5       var todoText = todoInput.value;
 6       if (todoText == null || todoText == "") {
 7           alert("Todoが空白デス");
 8       } else {
 9
10           var div = document.createElement("div");
11
12           if (idcount % 2 == 0) {
13               div.className = "odd";
14           }
15           else {
16               div.className = "even";
17           }
```

図6-30　折りたたみのできる箇所が「四角いマイナス記号」で表示される

HTML文書でも、タグごとに中身を折りたためます。

```
11   <body>
12       <h1>ToDoリスト</h1>
13       <table width="600">
14           <tr>
15               <td width="70%">
16                   <div id="todolist"></div>
17               </td>
```

図6-31　HTML文の折りたたみ

　　　　　　　　　　　　　＊

　次のショートカットキーは、カーソルを置いた行が属するブロックを折り畳みます。

ショートカットキー　カーソルを置いた行を折りたたむ

Ctrl+Shift+@

[6-3] ソースコードに特化した操作

```
 3    function addInput() {
 4        var todoInput = document.getElementById("inputtodo");
 5        var todoText = todoInput.value;
 6        if (todoText == null || todoText == "") {
 7            alert("Todoが空白デス");
 8        } else {
 9
10            var div = document.createElement("div");
```

⬇

```
 3    function addInput() {
 4        var todoInput = document.getElementById("inputtodo");
 5        var todoText = todoInput.value;
 6    ⊞   if (todoText == null || todoText == "") {…
 8        } else {
 9
10            var div = document.createElement("div");
```

図 6-32　カーソルを置いた箇所が折りたたまれた

　また、折りたたんである部分で、表示されている部分にカーソルを置いて次のショートカットキーを用いると、折りたたみが解除されます。

ショートカットキー　カーソルを置いた行の折りたたみを解除する

Ctrl+Shift+[

※「折り畳み」に関するショートカットキーの「@」「[」は、英語のキーボードの「[」「]」に相当するものです。

第6章　効率的なカーソル操作

●すべて折りたたむ

次のショートカットキーの組み合わせで、折りたためるところは全部折りたためます。また、すべての折り畳みを解除できます。

| ショートカットキー | 文書全体の折りたたみ |

```
Alt+Ctrl+Shift+@   …   すべて折りたたむ
AltCtrl+Shift+[    …   すべての折り畳みを解除
```

```
 1   var idcount = 0;
 2
 3 ⊞ function addInput() {…
36   }
37
38 ⊞ /**…
42   */
43 ⊞ function twodigits(num) {…
57   }
```

図6-33　折りたためる場所を、すべて折りたたんだ状態

*

　以上、「VSCode」上でソースコードを効率的に編集するためのカーソル操作を解説しました。

第7章

「マルチ・カーソル」と「検索」

コード修正には「検索」や「置換」を多用しますが、「VSCode」ではこの他にも「マルチ・カーソル」の機能があり、複数の語の様子を見ながら、1字ずつ修正できます。

ここでは、まず「マルチ・カーソル」の操作について学び、次に「検索」「置換」の機能を試してみましょう。

第7章 「マルチ・カーソル」と「検索」

7-1 マルチ・カーソル

■「マルチ・カーソル」の設定方法

●クリックして加える

　初期設定では、「Alt」キーを押しながら随所をクリックすれば、クリックした位置がどこであろうとも、「マルチ・カーソル」に加えられることになっています。

　ただし、この設定は環境によってできないことがあります。

　また、共通点のないバラバラな場所をマルチ・カーソルにして一緒に動かす必要はあまりないと思うので、詳細な説明は省略します。

●同じ語を１つずつ加える

　最も多用するのは、**第3章の図3-35**の例で行なったように、同じ語を複数選んで「マルチ・カーソル」に加える操作です。

　「Ctrl+D」を一度押すとカーソルのある語全体が選択されますが、さらに押していけば、後から出てくる同じ語が１つずつ選択されます。

ショートカットキー	押すたびに同じ語がマルチ・カーソルに加わる
Ctrl+D	

　カーソルは各語の末尾にいき、最初に選択したもの以外のカーソルは、通常より細くなります。

```
function addInput() {
    var todoInput = document.getElementById("inputtodo");
    var todoText = todoInput.value;
    if (todoText == null || todoText == "") {
        alert("Todoが空白デス");
    } else {
```

⬇

```
function addInput() {
    var todoInput = document.getElementById("inputtodo");
    var todoText = todoInput.value;
    if (todoText == null || todoText == "") {  ⬅
        alert("Todoが空白デス");
    } else {
```

図7-1　同じ語を１つずつマルチ・カーソルに加える

●同じ文字の並びを1つずつ加える

「語」だけでなく、語の中の一部分をマウスで選択した場合も、同じように扱えます。

その場合、元の「語」にかかわらず、とにかく最初に指定した「文字列」と同一のものが選択され、カーソルが加わります。

図7-2では、「document」という語からも「cute」という語からも、同じように「cu」が選択されて、「マルチ・カーソル」になります。

```
var div = document.createElement("div");
var cute = document.createTextNode("What a cute")
```

図7-2　同じ語を1つずつ「マルチ・カーソル」に加える

●同じ語を一度に選択

選択した語と同じものを、一度に選択して「マルチ・カーソル」に加えるには、次のショートカットキーを用います。

> [ショートカットキー] **選択した語と同じものを、すべて選択**
>
> Ctrl+F2

●カーソルを置いた行の上下に、「マルチ・カーソル」を追加

次のショートカットキーは、語の選択の有無にかかわらず、カーソルを置いた場所から上下にある行の同一位置にカーソルを置くものです。

> [ショートカットキー] **カーソルの上下に「マルチ・カーソル」を追加**
>
> Shift+Alt+ 上　…　カーソルを置いた上の行にカーソルを追加
> Shift+Alt+ 下　…　カーソルを置いた下の行にカーソルを追加

●選択するかしないか

上記の「マルチ・カーソル」の設定方法は、語を選択していないので、1字ずつ考えながら編集するのに適しています。

第7章 「マルチ・カーソル」と「検索」

　図7-3は、「ResultTextBox」という長い変数名の途中にカーソルを置いて、中央の「t」を削除したところです。

```
ResultTexBoxPanel = new Panel ();
ResultTexBoxPanel.Parent = this;
ResultTexBoxPanel.Height = 150;
ResultTexBoxPanel.Dock = DockStyle.Bottom;
```

図 7-3　語を選択しない「マルチ・カーソル」

　一方、その語をまったく別のものに変更するような場合は、「選択してマルチ・カーソルに」するのが適しています。
　図7-4では「ResultTextBoxPanel」という語が選択されているので、カーソルをこれ以上動かさなくても、そのまま何か入力すれば、そのまま置き換わります。

```
ResultTextBoxPanel = new Panel ();
ResultTextBoxPanel.Parent = this;
ResultTextBoxPanel.Height = 150;
ResultTextBoxPanel.Dock = DockStyle.Bottom;
                    ⇩
ResultTextBoxPanel = new Panel ();
ResultTextBoxPanel.Parent = this;
ResultTextBoxPanel.Height = 150;
ResultTextBoxPanel.Dock = DockStyle.Bottom;
```

図 7-4　語を選択したマルチ・カーソル

■「マルチ・カーソル」の操作方法
●カーソルを連動させて編集
　図7-3、図7-4のように「マルチ・カーソル」を設定した後、最初のカーソルを動かすと、他のカーソルもすべて同じように動きます。
　最初のカーソルの左右の文字を削除したり入力したりすると、他のカーソルの左右の状態も変わります。

●選択状態はステータスバーに

　語を選択するとステータスバーに「何文字を選択」と表示され、複数選択すると「何か所を選択、合計何文字」と表示されます。
　これによって、画面に見えなくても選択状況を知ることができます。

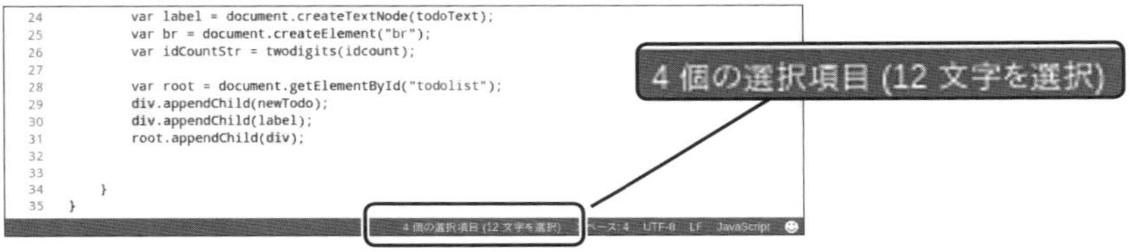

図 7-5　ステータスバーで選択状況を見る

●縦方向の移動は無意味

　「マルチ・カーソル」の連動する動きは、文字の入力や消去の向き、つまり「左右の方向」に対してのものです。
　もちろん、下方向にカーソルキーを押したとしても、カーソルは連動して下に移動しますが、基本的に下の行になると、それぞれの行で別の語が入力されているのが普通ですから、意味がありません。

●選択した語からの逸脱は無意味

　「マルチ・カーソル」は、選択した語を編集するために使うものです。
　そのため、カーソルの移動はその語の中か、広くともその後の両隣くらいの範囲で動かしてこそ意味があります。

＊

　このように、「マルチ・カーソル」は、すぐに複数の語の検索や置換ができるという強みがあります。

7-2 「検索」「置換」のウィンドウ

■2種類の「検索」ウィンドウ

「検索」ウィンドウには、2つの種類があります。
ひとつはアクティブなエディタ上での検索、そしてそのウィンドウで開いたフォルダにあるすべてのファイルからの検索です。

●アクティブなエディタ上での検索

アクティブなエディタ上での「検索」ウィンドウの出し方は、ショートカットキー「Ctrl+F」、またはメニューバーの「Edit」→「Find」です。

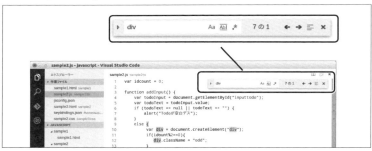

図 7-6　アクティブなエディタ上での「検索」ウィンドウ

●複数のファイルを通して検索

一方、フォルダ内のすべてのファイルを検索するには、次のいずれかの方法を使います。

・メニューバーの「編集」→「ファイル内を検索」。
・ショートカットキー「Shift+Ctrl+F」。
・サイドバーで「虫眼鏡」のアイコンをクリックして、「検索」の画面を出す。

いずれもサイドバーの「Search」画面が出て、検索語を含むファイル名と検索語の場所の詳細が表示されます。

[7-2] 「検索」「置換」のウィンドウ

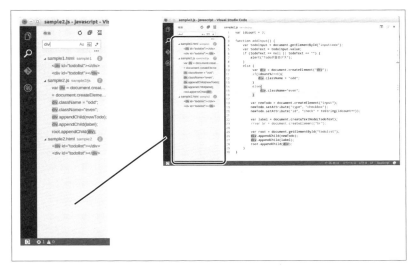

図7-7 フォルダ内のすべてのファイルを検索

●「検索」ウィンドウのボタン

2種類の「検索」ウィンドウには、横に検索条件を決めるボタン類があります。

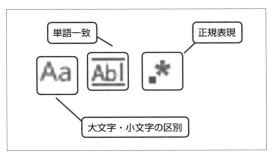

図7-8 検索条件を設定するボタン

なお、「単語一致」は、語の一部ではなく、単語全体が検索語に一致することを意味しています。

■アクティブなエディタ上での検索

●検索語をたどる

「検索」ウィンドウに検索したい語句を入力して検索を行なうと、「検索」ウィンドウに見つかった単語の数と、現在選択している単語が何番目になるのかが表示されます。

図7-9は「div」を検索したところです。
選択されている語についた背景色は、区別がつきにくいのですが、検索ウィンドウには「7の1」と記されているので、「7個見つかったうちの1番目である」と分かります。

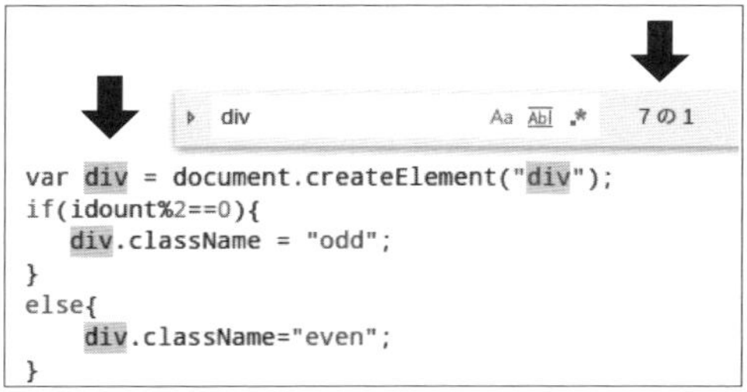

図 7-9　1番目の「div」が選択されている

2番目以降の語に進むには、「検索」ウィンドウ上に2つある矢印のうち、「右方向」(前進側) をクリックします。ショートカットキーは「F3」です。

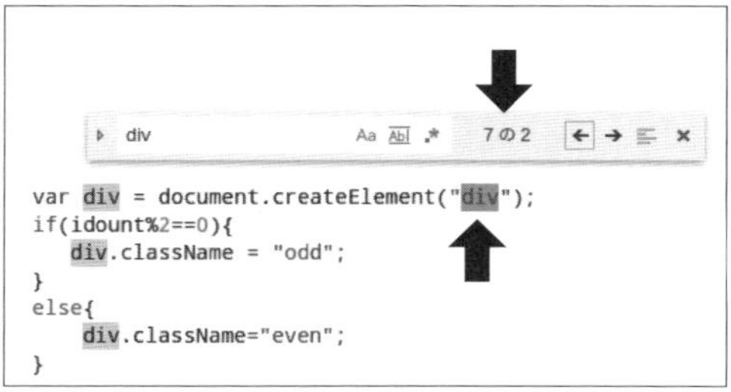

図 7-10　「右方向の矢印」を押して次の語へ

また、逆方向をたどるには、図7-10の「左方向の矢印」を押すか、ショートカットキー「Shift+F3」を用います。

[7-2] 「検索」「置換」のウィンドウ

> ショートカットキー **検索語をたどる**

```
F3     …  次の語へ進む
Shift+F3  …  前の語に戻る
```

●「大文字」と「小文字」の区別をつける

「大文字」と「小文字」を区別する検索条件をつけた例を、図7-11に示します。

検索語に小文字で「input」と入力して検索する場合、下側のように大文字との区別をつけると、大文字で書かれた語（「Input」など）は検索されません。

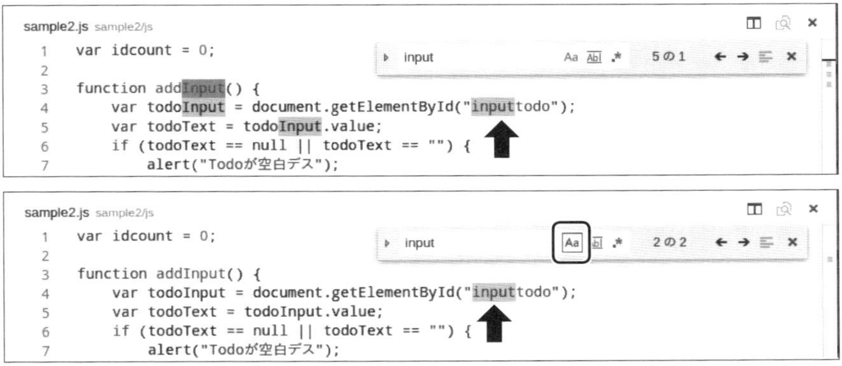

図 7-11　大文字と小文字の区別をつけない場合（上）と、区別をつけた場合（下）の検索例

なお、「大文字」「小文字」の区別は、次のショートカットキーでも設定できます。

> ショートカットキー **「大文字」と「小文字」の区別**

```
Alt+C
```

●単語一致

図7-12は、いずれも「id」という文字で検索した結果です。

図7-12 「単語一致」の条件をつけない場合（上）と、条件をつけた場合（下）の検索例

上側は、何の条件設定もしていないので、「idCount」など、他の語の一部である「id」も、「getElementById」の「Id」のように大文字が入っていても、検索結果に表示されています。

一方、下側は図7-8の「単語一致」の条件を有効にした場合で、「id」という独立の語として検索されたのは1件だけになっています。

なお、「単語一致」は次のショートカットキーでも設定できます。

| ショートカットキー | 単語一致の条件を設定 |

```
Alt+W
```

[7-2] 「検索」「置換」のウィンドウ

●正規表現

図7-13は、検索語を「正規表現」で入力した例です。

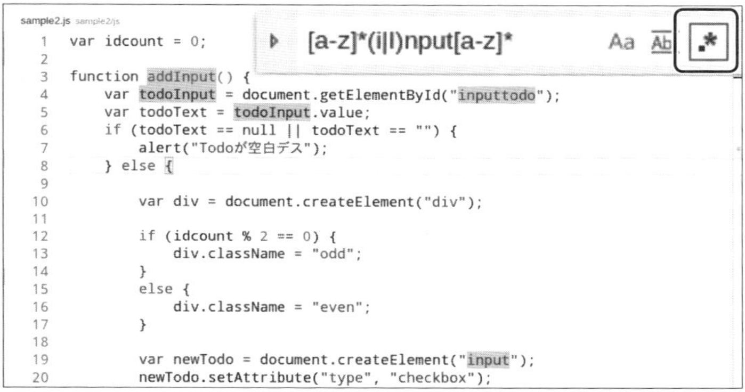

図 7-13 「正規表現」で検索の幅を広げる

図7-8の「正規表現」を有効にして、次のように入力しています。

```
[a-z]*(i|I)nput[a-z]*
```

この「正規表現」の意味は、

小文字のアルファベットが０か１以上　…　[a-z]*

並んでいる語の後に、

「input」か「Input」　…　(i|I)nput

があって、その後にまた、

小文字のアルファベットが０か１以上　…　[a-z]*

並んでいる、という組み合わせです。

「０か１以上並んでいる」ということは、並んでいなくても条件に合致します。そのため、

```
addInput
todoInput
inputtodo
input
```

の4種類、計5件が検索されています。

なお、「正規表現で検索」は、次のショートカットキーでも設定できます。

> [ショートカットキー] **正規表現で検索**
>
> Alt+R

●選択範囲内で検索

現在開いているエディタの中で検索する場合、「選択した範囲内でのみ検索」という条件を設定できます。

「検索」ウィンドウにある、図7-14のようなボタンをクリックしてください。

図 7-14　選択した範囲内でのみ検索

図7-14では、選択した10〜17行目の中でのみ「div」という語が検索され、32〜33行目にある「div」は、エディタ全体としては検索されて背景色がついていますが、「検索」ウィンドウでは検索されていません。

■アクティブなエディタ上での「置換」

●「置換語入力欄」を出す

アクティブなエディタ上で「置換語入力欄」を出すには、「検索語入力欄」の左側にある「三角印」をクリックします。

[7-2] 「検索」「置換」のウィンドウ

図7-15は、検索した語「div」を、「elm_div」という語に置換する設定を行なったところです。

図7-15 「置換語入力欄」を出す

または、メニューバーの「Edit」-「Replace」、及び以下のショートカットキーで「置換語入力欄」も開いた検索ウィンドウが出ます。

[ショートカットキー] **置換語入力欄も開いた検索ウィンドウを出す**

Ctrl+H

●逐語置換

検索された語を一語ずつ置換するには、「置換語入力欄」の右側にある、図7-16のボタンをクリックします。

図7-16 一語ずつ置換

また、次のショートカットキーでも、一語ずつの置換が可能です。

[ショートカットキー] **一語ずつ置換**

Ctrl+Shift+1

*

一語ずつ置換する過程で、置換をせずに図7-10や「F3」キーで次の検索語に進めば、その語を飛ばして、次の検索語を置換するかどうか選択できます。

図7-17では、2番目の語は飛ばして、1番目と3番目の語を置換したところです。

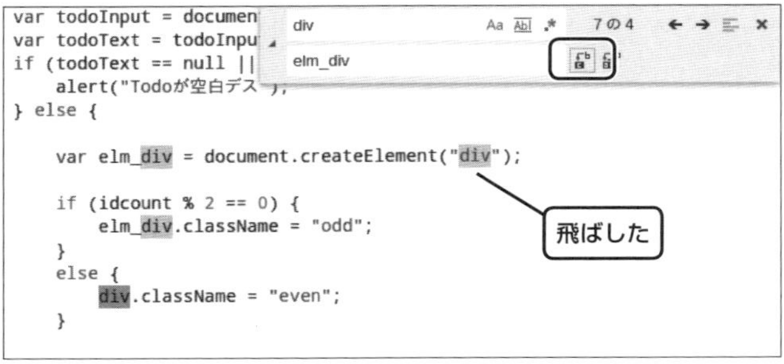

第7章 「マルチ・カーソル」と「検索」

図7-17　1番目と3番目の語が置換された

●すべて置換

検索された語を一度にすべて置換するには、「置換語入力欄」の右側にある図7-18のボタンをクリックします。「逐語置換」ボタンのさらに右です。

図7-18　一度にすべて置換

また、次のショートカットキーでも、すべての語を置換できます。

| ショートカットキー | 一度にすべて置換 |

```
Ctrl+Alt+Enter
```

■フォルダ内のファイルを検索

●「Search」(検索)画面のアイコン

フォルダ内のファイルをすべて1つの検索語で検索する、サイドバーの「Search」画面には、「検索語入力欄」に図7-8と同じ「検索条件設定」ボタンがあります。

他にも、操作アイコンが図7-19のように置かれています。

[7-2] 「検索」「置換」のウィンドウ

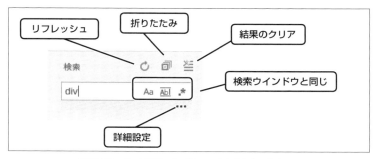

図7-19　サイドバーの「Search」画面のアイコン

●ファイル選択の詳細設定

図7-19で検索語入力欄の下にある「...」という記号をクリックすると、フォルダ内のファイルに検索条件をつける欄が図7-20のように現われます。

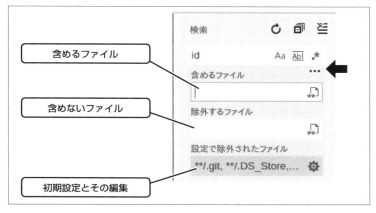

図7-20　さらに2つの入力欄

図7-20に新たに現われた2つの欄のうち、上の欄が「このファイルだけを含める」、下の欄が「このファイルは含めない」という条件を入力する欄です。

＊

図7-21では、入力欄の右側にある説明のアイコンにマウスカーソルを置いたところです（上下どちらも同じ）。

これらの欄に入力する書式の説明が現われています。

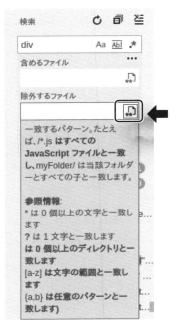

図7-21　ファイルの種類を記述する書式

　たとえば、「HTMLファイルは含めない」という場合、「files to exclude」(除外するファイル)のほうに、次のように書きます。

```
**/*.html
```

　これは、「すべてのサブフォルダと、そのサブフォルダ(同一フォルダも含む)中のすべてのファイル名に拡張子htmlがついたもの」を表わします。

　図7-22は「div」という語を検索するのに、HTMLファイルを除外した例です。
　左側は条件を指定しない場合で、「sample1.html」「sample2.js」「sample2.html」の3つのファイルから「div」が検索されていますが、右側は除外するファイル名に「**/*.html」と入力して、「sample1.html」と「sample2.html」を検索対象から除外しています。

[7-2] 「検索」「置換」のウィンドウ

図7-22　htmlファイルを除外する

＊

一方、**図7-23**は「含めるファイル」の欄に条件を記述しています。

次のように書くと、「sample2」フォルダのすぐ下にあるファイルだけが検索対象になります（**図7-23**の左側の状態です）。

```
sample2/*.*
```

「sample2.js」は、「sample2/js」フォルダに入っているので検索対象になりません。

サブフォルダに入っているファイルも含めるには、次のように記述します（**図7-23**の右側の状態です）。

```
sample2/**/*.*
```

第7章 「マルチ・カーソル」と「検索」

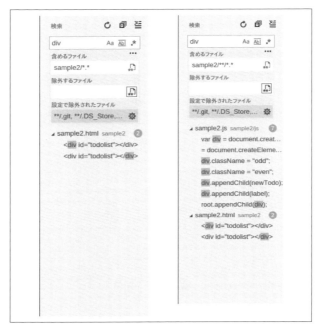

図7-23 「sample2」フォルダ下のファイルを選ぶ、2つの書き方

このようにして検索した語の部分をクリックすると、該当ファイルから、検索した語の記載部分がエディタに表示されます。

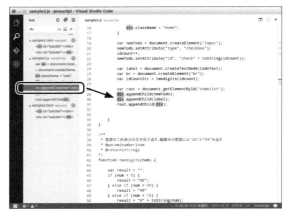

図7-24 該当ファイルの記載部分へ

7-3　その他の「検索」「置換」

■出現箇所を調べる

●すべての出現箇所を調べる

　語句を選択して右クリックし、「すべての参照の検索」を選ぶと、第4章の図4-10や図4-12のように画面上に表示され、同じファイル内での出現箇所をたどることができます。

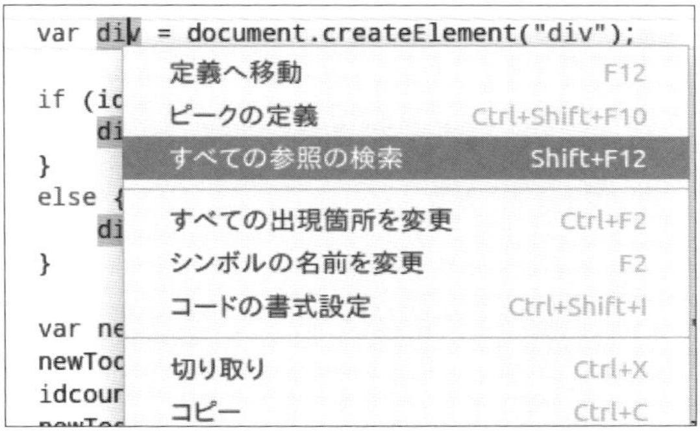

図7-25　右クリックメニューで「すべての参照の検索」

図7-26　画面上で出現箇所をたどる

第7章 「マルチ・カーソル」と「検索」

また、次のショートカットキーでも、図7-26を表示できます。

[ショートカットキー] **すべての出現箇所を検索**

```
Shift+F12
```

●出現箇所を全選択

語句を選択して右クリックし、「Change all occurrences」(すべての出現箇所を変更)を選ぶと、7-1節で紹介したショートカットキーの「Ctrl+F2」と同じく、「出現箇所をすべて選択して、マルチ・カーソル化」ができます。

図 7-27 出現箇所を全選択して、マルチ・カーソル化

■名前を変更

任意のシンボルを選択して右クリックし、「シンボルの名前を変更」を選ぶと、図7-29のようにシンボルの名前を変更する欄が現われます。

図 7-28 右クリックメニューで「名前を変更」

[7-3] その他の「検索」「置換」

```
var div = document.createElement("div");
    div
if (idcount % 2 == 0) {
    div.className = "odd";
}
```

図7-29 新しい名前の変更欄

また、シンボルを選択しておいて、次のショートカットキーを用いることもできます。

ショートカットキー **シンボルの名前を変更**

F2

第8章

カスタマイズ

「VSCode」の設定は、一部を除き、「JSONファイル」を直接編集することで行ないます。
ここでは、数ある設定項目の中から、特に重要な設定例を紹介します。

8-1 「ユーザー」と「ワークスペース」の設定

■設定ファイルの出し方

●「基本設定」から

「VSCode」の設定は、「ファイル」メニューの「ファイル」→「基本設定」から行ないますが、「配色テーマ」以外の設定項目を選ぶと、設定項目ごとに異なる名前の「JSONファイル」が、エディタに表示されます。

「ユーザー設定」と「ワークスペース（エクスプローラで開いたフォルダのこと）設定」は、ともに「settings.json」という名前のファイルに、同じ内容で設定しますが、設定ファイルの置かれる場所が違います。

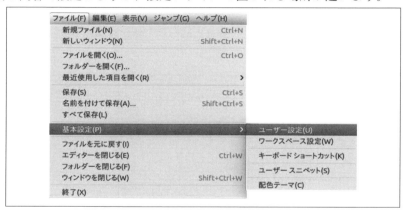

図 8-1 「ユーザー設定」と「ワークスペース設定」

●ユーザー設定ファイル

「ユーザー設定ファイルのsettings.json」は、システムの個人設定ファイルがある共有フォルダに置かれます。

たとえば、「Ubuntu」ならホームフォルダの「.config/Code」フォルダに入っています。

[8-1] 「ユーザー」と「ワークスペース」の設定

図8-2 「ユーザー設定」の「settings.json」

●ワークスペース設定ファイル

「ワークスペース設定ファイルの settings.json」は、「VSCode」の「エクスプローラ」で開いたフォルダの中に作られる「.vscode」というフォルダの中に置かれます。

ワークスペースはそのフォルダ自身である場合も、親フォルダの場合もあります。

図8-3の上側は「sample2」の親フォルダがワークスペースである場合、下側は「sample2」自身がワークスペースである場合です。

図8-3 いろいろなところにある「.vscode」フォルダ

第8章 カスタマイズ

■設定ファイルの扱い

●初期設定と同時に表示

メニューの「ファイル」→「基本設定」から、「ユーザー設定」または「ワークスペース設定」を選ぶと、図8-4のように画面が2つに分かれて、2つのJSONファイルが表示されます。

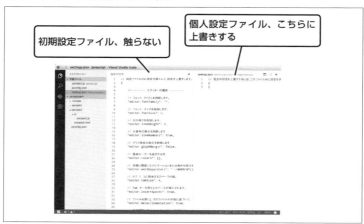

図8-4 「基本設定」の各項目を選ぶと、画面が2つに分かれる

左側が「VSCode」の初期設定ファイルですが、これは特に編集しません（いつでも初期設定に戻れるようにしておくためです）。

右側は、JSONファイルの最も大きな枠組みである「波括弧」だけが書かれています。

左側の設定から、カスタマイズしたい内容を右側にコピーして、値を変更していきます。

図8-5 空の設定ファイル

●エクスプローラで見る「ユーザー設定」

このように、JSON形式の設定ファイルが開くと、エクスプローラにもファイル名が表示されます。

[8-1] 「ユーザー」と「ワークスペース」の設定

しかし、「ユーザー設定用のsettings.json」は、この時点で「VSCode」が表示しているワークスペースにはなく、図8-6のように「作業ファイル」の一覧に表示されています。

ファイルパスが表示されるので、「ユーザー設定」であると分かります。

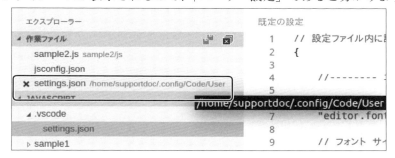

図8-6 エクスプローラに表示された「ユーザー設定の settings.json」

一方、「ワークスペース設定のsettings.json」は、エクスプローラで「.vscode」フォルダの中にあるので、直接見ることができます。

図8-7 「ワークスペース設定ファイル」はエクスプローラに

■主な設定項目

「ユーザー設定」と「ワークスペース設定」はまったく同じで、設定内容は「エディタ」「ウィンドウの動作」「ファイルの読み込み」「デバッグ・Git（ともに**第9章**参照）」「各プログラミング言語ごとの設定」などです。

以下に、エディタの効率的な使用に大きく関わる設定項目を、いくつか紹介します。

第8章 カスタマイズ

●フォントの大きさ

「フォントの大きさ」は、キー「editor.fontsize」の値です。

たとえば、少し大きめの「18ポイント」にするには、図8-5の設定ファイルにリスト8-1のように書きます。

最後に「カンマ」を置くのは、他の設定も続けて書けるようにするためです。

【リスト8-1】フォントサイズの設定例

```
"editor.fontSize": 18,
```

図8-8は初期設定の環境で、ファイルに設定を書いて保存直前の状態です。この後、保存すると、すぐに変更が反映されてフォントが大きくなります。

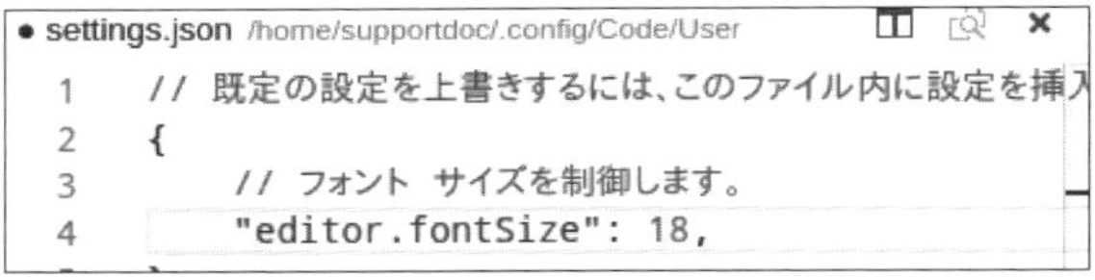

図8-8 リスト8-1を実際に書き込んだところ

図8-9 保存すると、フォントサイズが反映される

[8-1] 「ユーザー」と「ワークスペース」の設定

設定項目は「コード補完」を利用して、ミスなく入力できます。

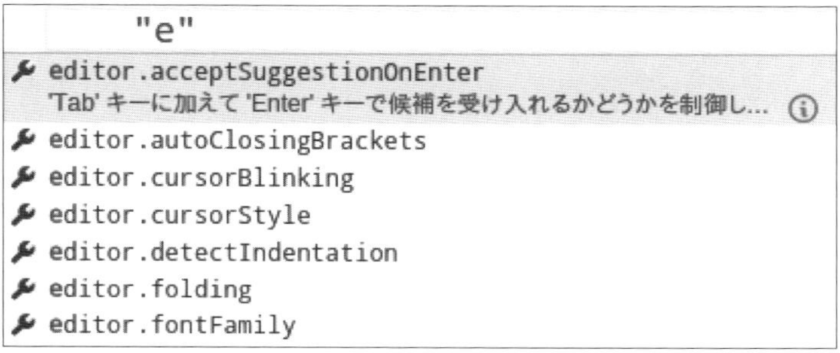

図 8-10　設定項目にコード補完が使える

●行の高さ

「"editor.lineHeight"」によって、行の高さを「ポイント」で設定できます。

図8-11は、文字の行間を、「30pt」にした例です（ちなみに、フォントサイズは18pt）。

リスト8-2以後、設定を列記するための「カンマ」は表示しませんが、実際には書いておいてください。

【リスト 8-2】行間の設定例

```
"editor.lineHeight": 30
```

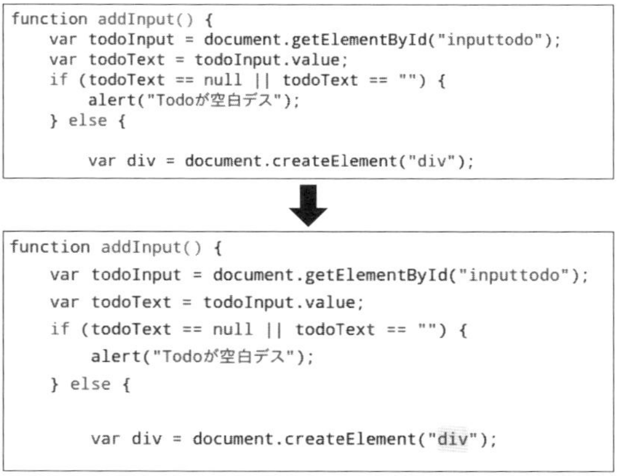

図 8-11　「リスト 8-2」を反映

第8章　カスタマイズ

●タブの設定

「"editor.tabSize"」で、「タブの幅」（字数）を変更できます。

ただし、初期設定の「4」よりも適切な選択は、まずないでしょう。Pythonに至っては、タブを「4の倍数」と決めてあるほどです。

なお、初期設定では「タブ」キーを押したり「インデント」を与えたときに、「タブ幅」ぶんのスペースが入ります。

この設定は「"editor.insertSpaces"」で、初期設定では「true」になっています。

Rubyなどでは、タブの代わりにスペースを用いることを奨励しているので、この設定も変更の必要はないでしょう。

●「自動」と「手動」の選択

「VSCode」では、シンボルは自動解析して強調表示しますが、それ以外に自分で選択する作業があります。

たとえば、図8-12では「文字列であるdiv」を自分で選択したところ、「divという変数」も強調表示されています。

```
var div = document.createElement("div");

if (idcount % 2 == 0) {
    div.className = "odd";
}
else {
    div.className = "even";
}
```

図8-12　「文字列」と「変数」が混同されている

自分で選択した範囲と同じ個所が強調表示されないようにするには、「"editor.selectionHighlight"」を「false」にします。

すると、図8-13のように、文字列から選択したときは、シンボルは強調表示されません。

```
var div = document.createElement("div");

if (idcount % 2 == 0) {
    div.className = "odd";
}
else {
    div.className = "even";
}
```

図8-13　文字列が変数と区別される

[8-1] 「ユーザー」と「ワークスペース」の設定

　文字列を多用するプログラムにおいては、この設定で、「文字列」と「変数」の区別ができるようになるでしょう。

　なお、「自動強調表示」と「手動の選択」を区別するために、初期設定では手動の選択範囲は角が少し丸くなっています。
　この角を丸くしないようにするには、「editor.roundedSelection」を「false」にします（あまり重要な設定ではありません）。

図8-14　選択した箇所が、丸いか四角いか

●行の折り返し

　「ウィンドウの幅に合わせて折り返す」ための設定は、メニューバーの「表示」→「ワードラップ」(Alt+Z)ですが、ウィンドウの幅に関わらず、「固定の字数」で折り返すこともできます。

　これには、「settings.json」にリスト8-3を書きます。「50字で折り返す」という設定例です。

【リスト8-3】「固定字数」で折り返す

```
"editor.wrappingColumn": 50
```

```
33      <table width= "600">
34          <tr>
35              <td width = "70%">
36                  <div id="todolist"></div>
37              </td>
38              <td width = "30%">
39                  <input type="text" size="20"
                    id="inputtodo"><br>
40                  <input type="button" value="Add"
                    id="addinput"
41                  onclick="addInput()">
42              </td>
43          </tr>
44      </table>
```

図8-15　ウィンドウの大きさに関わらず、折り返されている

第8章 カスタマイズ

●括弧の自動入力を無効に

初期設定では、ソースコード中に「開き括弧」を入力すると、自動で対応する閉じ括弧が入力され、カーソルが括弧の間に置かれます。

「editor.autoClosingBrackets」の設定を「false」にすると、この自動入力は無効になります。

図8-16は、リスト8-4の設定が反映された様子です。

【リスト8-4】括弧を入力したときの自動処理を無効にする

```
"editor.autoClosingBrackets": false
```

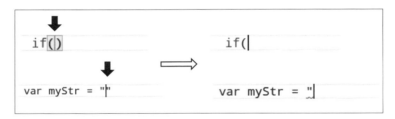

図8-16 「リスト8-4」の設定を反映

●語を区切る文字

「語を選択する」操作を行なったとき、「.」の前などで語が区切れるのは、「editor.wordSeparators」の値で「区切り文字」を設定してあるからです。

初期設定では、リスト8-5のようになっています。

【リスト8-5】語を区切る文字のリスト

```
"editor.wordSeparators": "`~!@#$%^&*()-=+[{]}\|;:'",.<>/?"
```

リスト8-5以上に新たに追加したくなる語はないと思いますが、動作を確認するために、リスト8-5から「四則演算記号」を除いた設定を、新たにユーザー設定に与えてみましょう。

反映すると、図8-17のようになります。これは、カーソルを「3」の後に置いてから、「語を選択した」様子です。

[8-1] 「ユーザー」と「ワークスペース」の設定

　左右を比べてください。左側が「+」や「*」で語を区切る普通の設定で、右側が「四則演算記号」を区切り記号に含めない設定です。

　右側では、「6+3*2」という1つの語の「語末」に、カーソルが移動しています。

図8-17　「四則演算記号」を、語の区切り記号から外した

●その他の設定

　以上は、「editor」で始まる「エディタに関する設定」でした。

　他には、「window」で始まるウィンドウの表示に関する設定と、「files」で始まるファイルの読み込みや保存に関する設定があります。

　主な設定を、表8-1に示します。

【表8-1】ユーザー設定及びワークスペース設定におけるその他の主な設定

設定キー	初　期	説　明
window.reopenFolders	true	次の起動時、前に開いたフォルダを自動で開く。
files.exclude	（省略）	エクスプローラに表示しないファイルを拡張子で指定。 Macの「.DS_store」「.git」などのファイルが指定ずみ。
files.autoSave	false	ファイルを自動保存。

第8章 カスタマイズ

8-2 「キーボード・ショートカット」の設定

■「キーボード・ショートカット」の設定ファイル

●「キーボード・ショートカット」の設定ファイルの出し方

「キーボード・ショートカット」の設定ファイルを出すには、「基本設定」で「キーボード・ショートカット」を選びます。

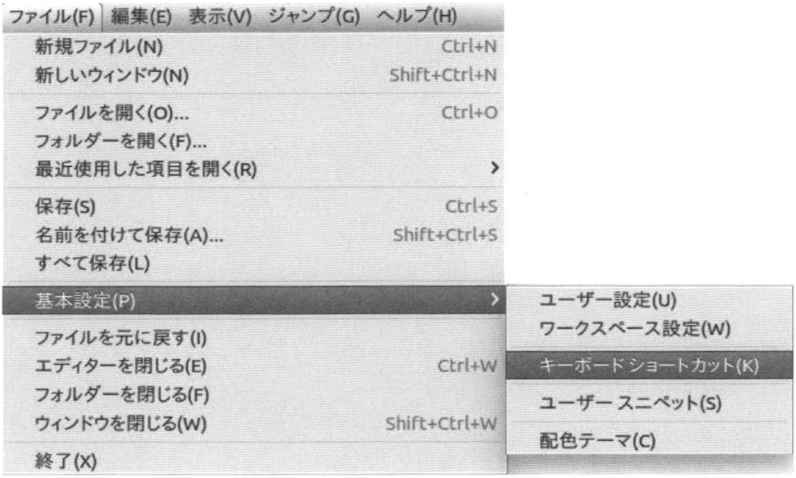

図8-18 「キーボード・ショートカット」の設定

すると画面が2つに分かれて、左側に「VSCodeの初期設定の内容」、右側に初期設定を上書きするための「ユーザー用設定ファイルの空の枠組み」が現われます。

図8-19のように「ユーザーの設定ファイル」が開くと、エクスプローラに設定ファイルの名前が現われます。

「keybindings.json」という名前で、ワークスペースごとではなく、常にユーザー共通の設定です。

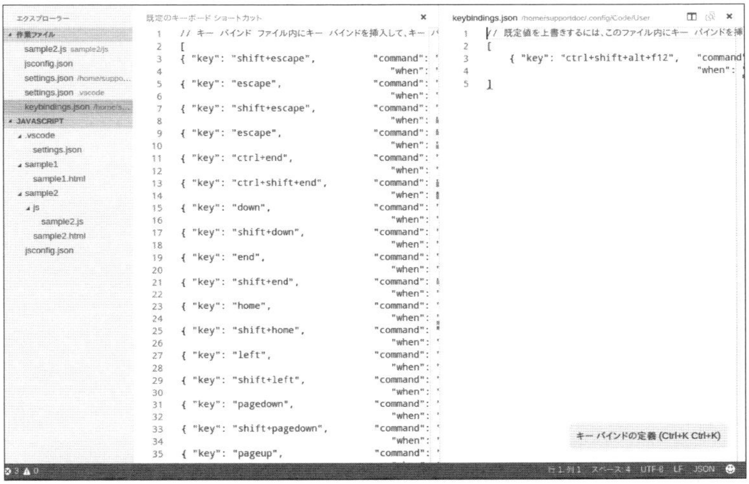

[8-2] 「キーボード・ショートカット」の設定

図8-19 「初期設定」と「ユーザー用設定ファイル」

図8-20 エクスプローラに現われたファイル名

●キーボード・ショートカットの記述

　キーボード・ショートカットの変更では、新しく独自の操作を構築するのではなく、すでに与えられている動作に使うキーを変更します。

　初期設定の内容から目的の項目を自分の設定ファイルにコピーして、キーの記述だけを変えるのがスムーズな方法です。

　たとえば、**リスト8-6**は初期設定で「行を下にコピー」するためのキーボード・ショートカットです。

第8章 カスタマイズ

【リスト8-6】ショートカットの初期設定例

```
{ "key": "shift+alt+down",         // 使用キー
"command": "editor.action.copyLinesDownAction",    // 動作
                    "when": "editorTextFocus" }  // 条件
```

　この「Shift+Alt+下矢印」は、システムの設定と競合することが多いので、これを変更してみましょう

＊

　まず、**リスト8-6**をそのままユーザーの「keybindings.json」にコピーし、使用キーにおける「down」の記述を、「f12」に書き換えます。

　作業の様子を、**図8-21**、**図8-22**に示します。

図8-21　初期設定をコピー

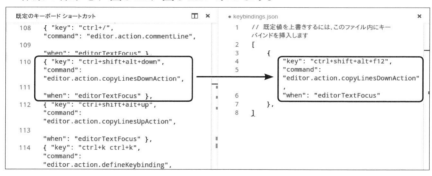

図8-22　元の記述「down」から「f12」に

[8-2] 「キーボード・ショートカット」の設定

ファイルを保存したら、キーボード・ショートカットを使って、意図した操作ができることを確認してください。

●キーボード・ショートカット設定の自動入力

図8-19、図8-21の画面右下に「Define Keybinding(Ctrl+K Ctrl+K)」という表示があります。

これは、キーボード・ショートカットを設定するためのショートカットです。

> キー バインドの定義 (Ctrl+K Ctrl+K)

図8-23　キーボード・ショートカットを設定するためのショートカット

「Ctrl+K」を2回押すとショートカットを入力する欄が現われるので、用いたいキーを実際に押してください。入力欄に、押したキーの名前が表示されます。

この入力は、「Enter」キーを押すまで何度でもやり直しができます。

また、複合キーの場合は、はじめに押したキーを離さずに、次のキーを押してください。

図8-24　「shift」だけを押した場合（左）と、「shift」と「f2」を押した場合（右）

＊

「Enter」キーを押すと、「ユーザー設定ファイル」に図8-25のように、キーボード・ショートカット設定の書式に従った記述が自動で行なわれます。

ただし、図8-25では「commandId」と、必要に応じて「when」の中身も自分で適切に書かなければなりません（初期設定の内容を知っておく必要があります）。

第8章 カスタマイズ

```
    },{
        "key": "shift+f2",
        "command": "commandId",
        "when": "editorTextFocus"
    }
]
```

図 8-25　キーボード・ショートカットの書式の枠組み

●未設定のショートカット

　初期設定でキーボード・ショートカットの割り当てられていないコマンドは、初期設定の内容の下のほうにコメントアウトされています。

```
440    // 他に使用できるコマンドは次のとおりです：
441    // - cursorColumnSelectDown
442    // - cursorColumnSelectLeft
443    // - cursorColumnSelectPageDown
444    // - cursorColumnSelectPageUp
445    // - cursorColumnSelectRight
446    // - cursorColumnSelectUp
```

図 8-26　コメントアウトされたコマンドの一部

　これらの未設定コマンドのどれかを、「ユーザー設定ファイル」で新しくキーボードショートカットに結び付けてみましょう。

　ただし、環境によってはコマンド自体が実行不能なものもあります。
　簡単に実行可能な例としては、図8-26にも見られる「deleteAllLeft（カーソルを置いた場所から左側をすべて削除」「deleteAllRight(カーソルを置いた場所から右側をすべて削除」などがあります。

＊

　たとえば、「deleteAllRight」を有効にするには、「ユーザー設定ファイル」上に、**リスト8-7**を入力します。

【リスト8-7】「deleteAllRight」にショートカットキーを割り当てる

```
{
  "key": "ctrl+k alt+r",
  "command": "deleteAllRight",
  "when": "editorFocus"
}
```

　リスト8-7で指定しているショートカットキー「ctrl+k alt+r」は、まず「Ctrl+K」を押してから、「Alt+R」を押すという2段階のショートカットです。

　ファイル「keybindings.json」を保存したら、適当な場所で試してみましょう。

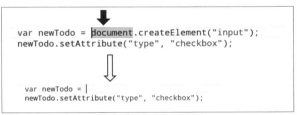

図8-27　コマンド「deleteAllRight」を、リスト8-7のショートカットキーで実行

8-3 スニペット

■「スニペット」とは

●コード補完との違い

　「スニペット」とは、よく使うコードの書き方を、短いプレフィクス（キーワードのこと）とともに登録しておく機能です。

　編集画面中に「プレフィクス」を入力し、「Tab」キーなどを押すと、それがコードに変換されます。

　ここまでに何度も見てきた「コード補完」は、その語の打ち始めの文字から入力しようとしている語を推測し、候補を出していく解析方法です。

　それに対して「スニペット」は、単純にプレフィクスが「キー」で、ス

ニペットが「値」という関係です。
　改行も含む長い内容でもいいですし、プレフィックスはコードとまったく違ってもかまいません。

●HTMLのスニペット

　「VSCode」では、HTMLについては、すでにスニペットを用意されています。
　その仕組みは「VSCode」独自のものではなく、「Emmet」（エメット）というテキストエディタ用のプラグインです。
　そのため、どのようプレフィックスが使えるのかは、「Emmet」のプロジェクトサイトで公開している「早見表」を見てください。

＜「Emmet」の公式サイト＞

    http://emmet.io/

＜「Emmet」によるスニペット早見表＞

    http://docs.emmet.io/cheat-sheet/

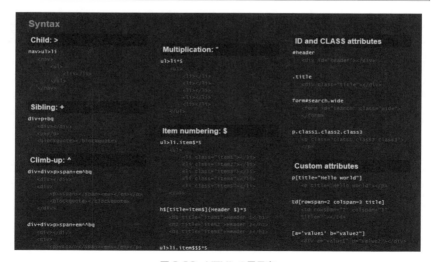

図8-28　HTMLの早見表

[8-3] スニペット

※

図8-28の早見表に従って、HTML文に「スニペット」を入力する例を示します。

HTML文書中に、**リスト8-8**のようにプレフィクスを打ったその場で、「TAB」キーを押してみましょう。

【リスト8-8】「Emmet」のプレフィクスの一例
```
ul > li*5
```

図8-29のように、「ul」と5つの「li」の要素からなる箇条書きの構文に変換されます。

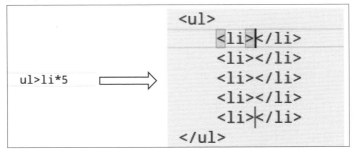

図8-29 「TAB」キーでプレフィクスを表示

■カスタムの「スニペット」

●言語ごとのスニペット・ファイルを作成

他の言語に関しては（「HTMLのスニペット」を追加する場合も）、言語ごとにJSON形式のスニペット・ファイルを作ります。

※

メニューの「基本設定」から「ユーザー・スニペット」を選びます。

第8章 カスタマイズ

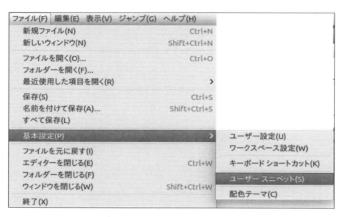

図8-30　メニューから「ユーザー・スニペット」の作成を選ぶ

すると、どの言語のスニペットを作るかを選ぶウィンドウが、画面上部中央に現われます。

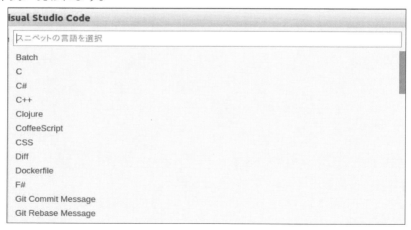

図8-31　どの言語について作るのかを選択

図8-31の一覧を下にスクロールして、「JavaScript」を選びます。最初の文字「j」を入力すると、絞り込まれて探しやすくなります。

[8-3] スニペット

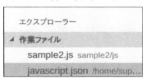

図 8-32 「j」を入力して絞り込む

これで、「javascript.json」というファイルが、ユーザーフォルダに作られます。

「エクスプローラ」にファイル名が表示されるので、確認してください。

図 8-33 「エクスプローラ」に表示されたファイル名

●スニペットの設定の方法

一方、エディタ画面には、「javascript.json」の最初の内容が表示され、枠組みの中に、「コメントアウト」の形で記述例が書いてあります。

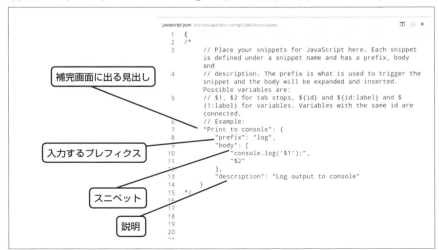

図 8-34 「javascript.json」の内容

第8章　カスタマイズ

　1つの「スニペット」設定の構造は、**リスト8-9**のような「キーと値のペア」になります。
　「キー」は補完画面に出る見出し、「値」は設定内容を列記して｛｝で囲んだオブジェクトです。

【リスト8-9】「スニペット」設定の大枠
```
"補完画面に出る見出し" : { ..... }
```

　｛｝の中には、**リスト8-10**のように、3つの「固定キー」と、それぞれの「値」が列記されます。「body」の値が「スニペット」です。

【リスト8-10】「固定キー」と「値」の列記
```
"prefix" : "入力するプレフィクス",
"body" : ["1行目","2行目", ...],
"description": "説明"
```

　　　　　　　　　　　　　　＊

　「body」に記述する「スニペット」では、表示されたときにカーソルをどこに（括弧の中などに）置くかを設定できます。

　図8-35の例では、カーソルを置く場所が2種類書かれています。
　まず「$1」のところにカーソルが置かれ、そこに所定の変数名などを入力し、「TAB」キーをもう一度押すと、「$2」のところにカーソルが移動するという仕組みです。

図8-35　「body」の記述例

●実際の設定例

では、実際にJavaScriptの「スニペット」を設定してみましょう。

「elm」と入力して「TAB」キーを押すと、「document.getElementById」の表記が書かれるように「スニペット」を作ります。

なお、この「スニペット」内では、要素のIDと同名の変数に、要素を渡すようにします。

リスト8-11が、その設定です。JSON記述としての引用符と、スニペットとして出力する引用符とが競合するので、出力する引用符のほうを「単引用符」にしています。

【リスト8-11】「スニペット」の作成例

```
"Get Element" :{
  "prefix": "elm",
  "body": "var $1 = document.getElementById('$1');",
  "description": " 要素を取得し、要素のIDと同名の変数に格納する "
},
```

「prefix」「body」などのキー名は、**図8-36**のように補完できます。

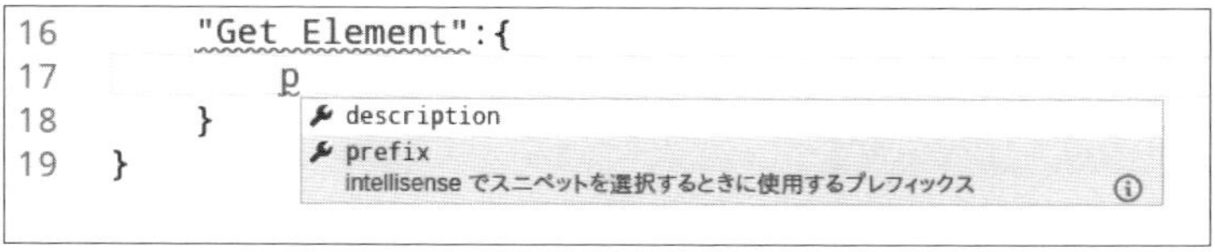

図8-36 「キー名」は補完できる

```
"Get Element": {
    "prefix": "elm",
    "body": "var $1 = document.getElementById('$1');",
    "description": "要素を取得し、要素のIDと同名の変数に格納する"
},
```

図8-37 新しい「スニペット」を1つ作成

では、「スニペット」を使ってみましょう。

JavaScriptコード中に「elm」と打つと、すでに「スニペット」の候補が出てきます。

第8章 カスタマイズ

図8-38 「スニペット」の候補が自動で出てくる

次に、「TAB」キーを押してみましょう。
「変数名」と「要素のID」として同じ値を入力する箇所が、マルチ・カーソルになって現われます。

図8-39 入力箇所が2箇所

そのまま、変数名（要素のIDでもある）を入力してみましょう。2箇所に同時に入力されて、文が完成します。

```
var show = document.getElementById('show');
```

図8-40 「変数名」と「要素名」を同時に入力

●複数行の「スニペット」

複数行の「スニペット」を「body」に書くときは、「カンマ区切り」が行の区切りとして判断されるため、JSONの記述上の改行は関係ありません。

しかし、JSONの記述の中でも、改行したほうが出力結果を想像しやすくなります。

JavaScriptを出力するので、文の区切りの「セミコロン」なども忘れずに書きます。

注意すべきは「インデント」です。
JSON記述でインデントしても実際の出力には反映されないので、文字列として囲んだ引用符の中で、スペースを置きます。

[8-3] スニペット

リスト8-12のような、「if文形式のスニペット」を書いてみましょう。

【リスト8-12】if文形式のスニペット

```
"Two Digits" :{
  "prefix": "tdg",
  "body": [
    "if ($1 <10){",
    "    $1='0'+$1;",  // 文字列の中にインデントを置く
    "}"
  ],
  "description": " 一桁の整数を二桁表示 "
},
```

```
"Two Digits":{
    "prefix": "tdg",
    "body": [
        "if($1 <10){",
        "    $1='0'+$1;",
        "}"
    ],
    "description": "一桁の整数を二桁表示"
},
```

図8-41 複数行を「スニペット」に指定

この「スニペット」をコード中で出力させてみると、今度はマルチ・カーソルが3つ表示されます。

同じ変数名を入れて、完成です。

```
if(mynum <10){
    mynum='0'+mynum;
}
```

図8-42 マルチ・カーソルに変数名を入れたところ

*

以上、「File」→「Preferences」のメニューから開く、JSONファイルによる「VSCode」のカスタマイズ方法でした。

第9章

実行、デバッグ、バージョン管理

最後の内容として、編集したコードを「VSCode」上で適切に取り扱うための機能を紹介します。

第9章　実行、デバッグ、バージョン管理

9-1　「タスク・ファイル」による自動実行

■「タスク・ファイル」の作成

●ブラウザで実行するためのコマンド

　「HTML+JavaScript」のアプリを実行するには、HTMLファイルを適当なWebブラウザで開きます。

　しかし、「VSCode」には、「Visual Studio」のように、ボタンを押したり、右クリックメニューで「ブラウザで実行」を選ぶなどの方法はありません。
　その代わりに、コマンドラインを「専用バッチ・ファイル」で書き、そのファイルメニューから実行できます。
　この「専用バッチ・ファイル」のことを、「VSCode」では「タスク・ファイル」と呼びます。

＊

　たとえば、「sample2.html」をFirefoxで実行するコマンドは、次のような感じになります。

```
firefox sample2.html
```

　これを「タスク・ファイル」に書きましょう。

●「タスク・ファイル」の生成

　「タスク・ファイル」を作るには、次の手順で行ないます。

[1] ファイルメニューの「表示」→「コマンド・パレット」、またはショートカットキー「Shift+Ctrl+P」で、「コマンド・パレット」を出す。

[2] 「コマンド・パレット」上で「タスク」と打って、タスク関係のコマンド一覧を表示。
　　 「タスク・ファイル」を作るには、「タスクランナーの構成」を選ぶ。

[9-1] 「タスク・ファイル」による自動実行

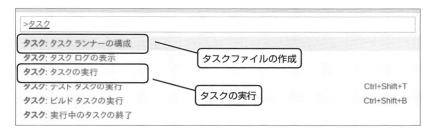

図 9-1 「タスクランナーの構成」を選ぶ

作る「タスク・ファイル」の種類を選ぶ一覧が表示されるので、「Others」（任意の外部コマンドを実行する例）を選んでください。

図 9-2 「Others」を選ぶ

これで、テンプレートのついたファイル「tasks.json」が、ワークスペースに作られます。

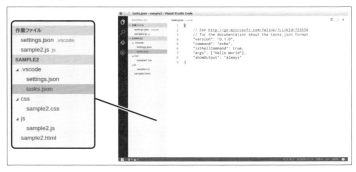

図 9-3 「tasks.json」が生成する

第9章　実行、デバッグ、バージョン管理

●「タスク・ファイル」の編集

自動生成された「tasks.json」には、よく用いられるタスクを想定したテンプレートが書かれています。この部分（図9-4）を編集しましょう。

```
tasks.json .vscode
1  {
2      // See http://go.microsoft.com/fwlink/?LinkId=733558
3      // for the documentation about the tasks.json format
4      "version": "0.1.0",
5      "command": "echo",          ← 実行コマンド
6      "isShellCommand": true,
7      "args": ["Hello World"],    ← ファイル名
8      "showOutput": "always"
9  }
```

図9-4　自動記入されたタスクを書き換える方針

ファイル名は「相対パス」でもいいですが、最も簡単なのは「エクスプローラ」上で「sample2.html」を右クリックし、「パスをコピー」を選ぶことです。

これで、ファイルの「絶対パス」が得られるので、図9-4の「args」の要素をそっくり置き換えます。

図9-5　HTMLファイルのパスを取得

最終的に、図9-6のように簡単になります。

なお、ファイルパスは一個なので、各自の値を用いてください。

```
{
    "command": "firefox",
    "args": ["file:///home/supportdoc/vscode/samples/javascript/sample2/sample2.html"]
}
```

図9-6 「タスク・ファイル」が完成

●タスクの実行

タスクを実行するには「Shift+Ctrl+P」などで「コマンド・パレット」を出して、図9-1に示した「タスクの実行」コマンドを選択します。

「tasks.json」には複数のタスクを書くことができるので、タスクを選ぶ過程があります。
ここでは、図9-6で設定したタスク(名前はコマンド名firefox)を選びます。

図9-7 タスク「firefox」を選ぶ

ブラウザが起動して、HTMLファイルが表示されることを確認してください。

9-2 デバッグ

■「Chromeデバッガ」との連携

●「HTML+JavaScript」アプリをデバッグするために

「HTML+JavaScript」のアプリは、ブラウザ上で実行するために、ブラウザ固有のデバッガが必要です。

「VSCode」には拡張機能として、Chromeブラウザのデバッガを「VSCode」上で確認し操作するプラグイン、「Debugger for Chrome」があります。

●「Google Chrome」が必要

まず、「Chrome」ブラウザをインストールしましょう。

第9章　実行、デバッグ、バージョン管理

＜Chromeブラウザのダウンロードページ＞

https://www.google.com/chrome/browser/desktop/index.html

　図9-8は、上記のURLを開いたところです。「Chromeブラウザ」のダウンロードボタンがあります。

図9-8　中央にダウンロードボタン

■拡張機能を入手
●「Visual Studioマーケット」へ

　「Visual Studio」「Visual Studio Code」の拡張機能は、「拡張機能マーケット」というWebサイトで公開されています。

　「マーケット」のサイトには、「VSCode」のサイトのナビゲーションで「Marketplace」を選択してアクセスします。

図9-9　ナビゲーションから「マーケット」へ

[9-2] デバッグ

図9-10 「VSCode」用の拡張機能マーケット

　図9-10のような拡張機能一覧から、「Debugger for Chrome」を探してください。
　サムネイルをクリックすると、詳細な説明の画面が開きます。

図9-11　Debugger for Chrome

● 「コマンド」をコピー

　図9-12に示すような詳細画面で、「このコマンドをコピーしてください」という欄があります。
　「VSCode」の「コマンド・パレット」に貼り付けるコマンドです。

図9-12　この中身をコピーする

第9章 実行、デバッグ、バージョン管理

図9-12の「Copy」というボタンを押すと、コマンドの中身がクリップボードにコピーされます。

＊

次に、どのようにしてコマンドをペーストするかを解説します。

●コマンドを入力

「Shift+Ctrl+P」で「コマンド・パレット」を出したら、コマンド入力欄に図9-12でコピーしたコマンドを貼り付けます。直接入力してもかまいませんが、コマンドの「検索」のときに用いた文頭の「>」は消してください。

これで、図4-2に示した「拡張機能」のインストール画面が表示されます。

インストールが終わったら、「VSCode」を再起動してください。

図9-13 「拡張機能」をインストール

■「デバッグ・ファイル」の作成

●デバッグのサイドバーを出す

サイドバーの「デバッグ」アイコンをクリックするなどで、デバッグのサイドバーを出します。まだ、各「欄」しか表示されません。

図9-14 デバッグのサイドバーを出す

[9-2] デバッグ

●「launch.json」を起動

サイドバーの上部に、「歯車の形」のアイコンがあります。

これが、「launch.json」という名前のデバッグ設定ファイルを、エディタで開くためのアイコンです。クリックしてみましょう。

図9-15 「launch.json」を開くファイル

上部中央に、デバッグ環境を選ぶリストが出ます。

拡張機能をインストールしていれば、リストの中に「Chrome」があるので、選択してください。

図9-16 デバッグ環境に「Chrome」を選ぶ

「launch.json」で、Chromeデバッガ用のテンプレートが書かれた部分が、エディタに表示されます。

```json
{
    "version": "0.2.0",
    "configurations": [
        {
            "name": "Launch index.html with sourcemaps",
            "type": "chrome",
            "request": "launch",
            "file": "${workspaceRoot}/index.html",
            "sourceMaps": true,
            "webRoot": "${workspaceRoot}"
        },
        {
            "name": "Launch localhost with sourcemaps",
            "type": "chrome",
            "request": "launch",
            "url": "http://localhost/mypage.html",
            "sourceMaps": true,
            "webRoot": "${workspaceRoot}/wwwroot"
        },
        {
            "name": "Attach with sourcemaps",
            "type": "chrome",
            "request": "attach",
            "port": 9222,
            "sourceMaps": true,
            "webRoot": "${workspaceRoot}"
        }
    ]
}
```

図9-17 「Chrome debugger」用のテンプレート

第9章 実行、デバッグ、バージョン管理

テンプレートには、いくつかの種類があります。

この中で、「Launch with Sourcemaps」（ソースマップを用いて起動）という名前のついた設定を変更してみましょう。

```
{
    "name": "Launch localhost with sourcemaps",
    "type": "chrome",
    "request": "launch",
    "url": "http://localhost/mypage.html",
    "sourceMaps": true,
    "webRoot": "${workspaceRoot}/wwwroot"
},
```

図9-18 「ソースマップ」を使う設定

「ソースマップ」とは、ローカルのHTMLファイルをWebブラウザで実行できるように、「URL」と「ファイルパス」を対応づけることです。

そのため、デバッグを行なうには、HTMLファイルをWebサーバで実行しなければなりません。

■Webサーバの導入例

●「Node.js」の簡単なWebサーバ

Linuxでは、「Apache」などのWebサーバを簡単に導入できますが、本書では「Node.js」で動く軽量サーバの導入方法を紹介します。

*

まず、「apt-get」コマンドなどで「Node.js」をインストールします。
詳細は、使っているディストリビューションの方針に従ってください。

「Node.js」をインストールしたら、管理者権限で次の「npm」コマンドから、HTTP-Serverというアプリをインストールしてください。

管理者権限で行なうと、「ユーザー環境変数」を設定しなくても、「http-server」というコマンドのみでサーバを起動できます。

```
npm install -g http-server
```

●Webサーバの起動方法

「Node.js」のアプリ HTTP-Server は、任意のフォルダで端末を開いて「http-server」とコマンドを打てば、そこがサーバのドキュメントルート

[9-2] デバッグ

になります。

具体的には、「sample2」フォルダ上で実行すれば、「sample2/sample2.html」のURLは以下のとおりになります（ポート8080は初期設定です）。

```
http://localhost:8080/sample2.html
```

サーバを起動した端末上で「Ctrl+C」を入力すれば、サーバを終了できます。

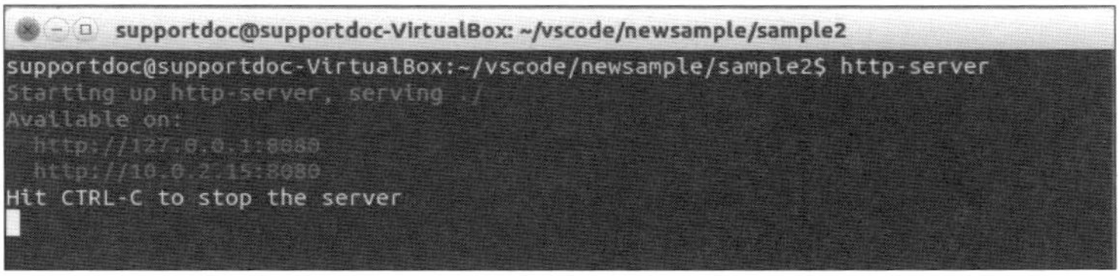

図9-19　コマンドで「http-server」を起動

サーバを起動した状態で、Chromeブラウザを起動し、上記のURLでページが表示できることを確かめてください。

図9-20　URLを入力してページを表示

■「デバッグ・ファイル」の編集

●「launch.json」の編集例

これで、Webサーバで「HTML+JavaScript」のファイルを動かせるようになったので、「launch.json」を編集します。

図9-18の内容を編集した例が、図9-21です。

第9章　実行、デバッグ、バージョン管理

```
{
    "name": "Launch localhost with sourcemaps",
    "type": "chrome",
    "request": "launch",
    "url": "http://localhost:8080/sample2.html",
    "sourceMaps": true,
    "webRoot": "${workspaceRoot}"
},
```

図 9-21　「launch.json」を書き換える

図9-21で、「url」は図9-20のURLと同じです。

一方、「webRoot」は、「ドキュメントルート」です。

いま「VSCode」では「sample2」フォルダを開いていますが、これが「${workspace}」に相当します。

■デバッガの起動

●Webサーバの起動

デバッガを使うためには、まず図9-19で行なったようにWebサーバを起動しておかなければなりません。

Webブラウザは、デバッガの起動のとき同時に起動できるので、あらかじめ開いておく必要はありません。

●デバッガ設定を選ぶ

デバッガの起動は、デバッグのサイドバー上部にある「実行」ボタンで行ないますが、その前に「デバッガ設定」を設定する必要があります。

「実行」ボタンの隣のリストから、図9-21の「name」に相当する「Launch localhost with sourcemaps」（ソースマップを開いてローカルホストの起動）を選択します。

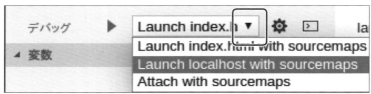

図 9-22　デバッガを設定して実行

[9-2] デバッグ

　これで、Chromeブラウザが自動で立ち上がり、「sample2.html」を表示します。

　一方、「VSCode」のエディタ画面には、「デバッグ停止」「ステップイン」などの操作パネルが現われますが、JavaScriptがボタンクリックなどで起動する仕組みになっている場合、起動しただけでは解析結果などは表示されません。

図9-23　起動しただけでは何も起こらない

■デバッガの使用

●「ブレークポイント」を置く

　エディタ上のJavaScriptファイルで、デバッグしたい箇所に「ブレークポイント」を置いておきます。

　「ブレークポイント」は行番号の左側をクリックすると、「赤い丸」として置かれます。

　「ブレークポイント」を一時的に無効にしたり削除したりするには、「ブレークポイント」を右クリックして、メニューから該当の項目を選んでください。

第9章 実行、デバッグ、バージョン管理

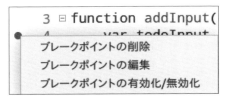

図 9-24 「ブレークポイント」と、右クリックで出る操作メニュー

●JavaScriptを呼び出す

ブラウザに表示されたページ上で、ボタンを押すなどしてJavaScriptを呼び出します。

処理が「ブレークポイント」にくると、その時点での変数の値が「変数」に表示されるなど、解析が始まります。

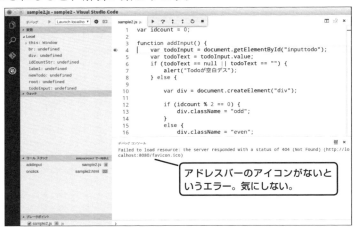

図 9-25 「ブレークポイント」で解析開始

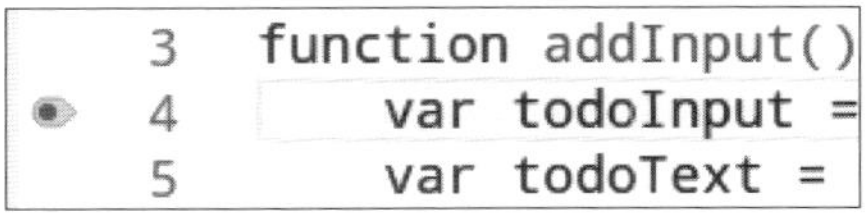

図 9-26 「ブレークポイント」に来た様子

「操作パネル」では、各ステップ操作のボタンが有効になります。

[9-3] バージョン管理

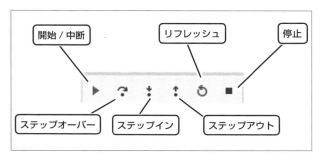

図 9-27 各ステップ操作のボタン

●ステップを進めて解析

「ブレークポイント」から「ステップイン」などのボタンで処理を進めながら、変数の値などの変化を観察していきます。

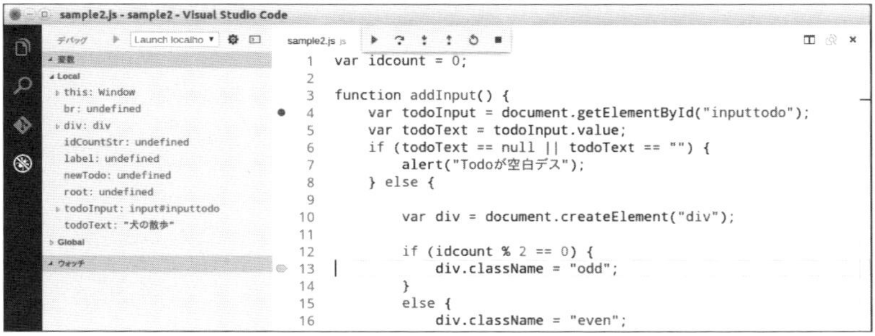

図 9-28 「ブレークポイント」から処理を進めていく

9-3 バージョン管理

■「Git」とは

●リモートでもローカルでも

「バージョン管理システム」とは、あるファイルの変更履歴を残しておいて、好きな段階に戻ることのできるシステムです。

そのシステムのひとつである「Git」は、「GitHub」のように、複数の

人がリモートサーバの同じファイルに接続するためによく使われていますが、ローカルのコンピュータで個人のファイルを段階的に変更し、前の状態に復帰するのにも役立ちます。

そこで、本書ではローカルのレポジトリ（保存場所）を用いる例で、解説します。

●「ブランチ」と「チェックアウト」

変更履歴を残す最も単純な方法は、変更中のある段階の「コピー」を残しておくことです。「元に戻る」ときは、途中でコピーしておいたものから始めます。

これに対し「Git」では、ある段階で変更ぶんを他に書き出し、自分もそこに移ります。

そして、この変更ぶんを他に書き出して自分もそこに移ることを、「ブランチ」と呼びます。

また、元の「ブランチ」に戻ることを、「チェックアウト」と呼びます。

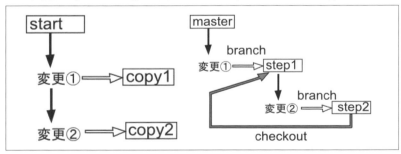

図9-29　段階的にコピーを残す方法（左）と、「Git」の「ブランチ」「チェックアウト」（右）

●「ステージ」と「コミット」

「Git」の管理下でファイルを作成、削除、編集するとき、何度も上書き保存する手間を省くために、最初は「変更の方針」だけが保存されます。

「Git」の管理下で「ファイルを保存」すると、まず「変更の方針」が保

[9-3] バージョン管理

存され、ファイルは「変更」という状態を与えられます。

そのファイルの変更を確定することになったら、「ステージ」という状態にします。

そして、変更を反映することになったら、「ステージにあるファイルを一斉にコミット」して本当に上書き保存します。

*

以上は、「VSCode」の「Git」サイドバーに表示される内容を理解するためのものです。

「Gitバージョン管理」の詳細については、別途専門の解説書を参照してください。

■「VSCode」で「Git」を使う
●「Git」のインストール

「VSCode」で「Git」を用いるには、OSに「Git」がインストールされていなければなりません。

ただし、Linuxのほとんどのディストリビューションでは、「Git」は最初からインストールされている可能性が高いです。

●ユーザー設定

「Git」を使い始めるには、「ユーザー名」と「メールアドレス」を、最低ひとつ登録する必要があります。

「メールアドレス」は、書式が整っていれば架空のものでもかまいません（ローカルのレポジトリで、自分だけが使う場合）。

たとえば、以下のようなコマンドを入力します。

この操作は「VSCode」上ではできないので、別途コマンドラインで行なっておいてください（「ユーザー権限」でかまいません）。

```
git config --global user.name "ユーザー名"
git config --global user.email   メールアドレスらしい書式のもの
```

●ワークスペースをレポジトリに設定

「VSCode」で「Git」で管理したいフォルダを開いてから、「Git」サイドバーを表示させてみましょう。

すると、ワークスペースを「Gitレポジトリ」として初期化するボタンが現われます。

図9-30　ワークスペースを「Gitレポジトリ」にする

図9-31　レポジトリ作成直後

レポジトリを作ると、エディタの左下部に「master」というレポジトリの最初のブランチ名が表示されます。

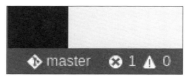

図9-32　左下部に表示されるブランチ「master」

通常は、サイドバーの画面を「エクスプローラ」に切り替えて編集作業を行なってください。

1つのファイルに変更が加わると、「Git」アイコンに変更されたファイルの数が表示されます。

このアイコンをクリックして「Git」サイドバーを表示すると、変更されたファイルが示されます。

図9-33 レポジトリ作成後の「変更」が記録された

●「ステージ」と「コミット」

編集したファイルの状態は、最初は「変更」の状態にあります。

変更を確定するには、ファイルの右手にある「+」を押して「ステージ」状態を付与します。

「+」を押すと「-」になりますが、これを押して「ステージ」から「変更」の状態に戻すことも可能です。

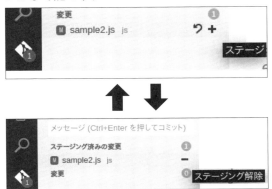

図9-34 「ステージ」の状態にしたり、解除したりする

※そのレポジトリで「ステージ」状態にしたファイルは、編集不可になります。

*

変更が確定したら「コミット」します。

第9章　実行、デバッグ、バージョン管理

「コミット」はレポジトリのすべてのファイルについて、変更の有無にかかわらず行なうことも、「ステージ」状態のファイルにのみついて行なうこともできます。

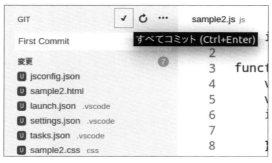

図9-35　すべて、または「ステージ」にしたファイルのみ、

ただし、「コミット」するときには、「VSCode」が必ず「コミット」の説明欄に入力を求めます。

説明欄が空の状態で「コミット」を命じても、処理を続行できません。

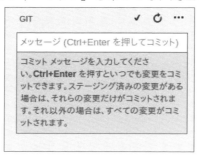

図9-36　「コミット」するには説明が必要

■「ブランチ」と「チェックアウト」の操作方法

●ブランチ

　重大な変更を行なうときは、変更する前に新しい「ブランチ」を作って移動してから変更し、「コミット」すれば、後から変更を取り消したい場合に前の「ブランチ」に戻るだけでいいので簡単です。

　「ブランチ」を作るには、「VSCode」で「gitコマンド」を入力します。
　そのとき、左下部に図9-37のように表示されている現在のブランチ名をクリックすると、上部中央に図9-38のように「git branch」コマンドが表示されます。

図 9-37　現在のブランチ

図 9-38　「git branch」まで入力されている

　図9-38のように「git branch」まで入力されたコマンド入力欄が出たら、適当なブランチ名を入力します。

図 9-39　「step1」というブランチ名を入力した

　これで新しいブランチ「step1」が作られ、そこに移動した状態になります。
　画面左下で、現在のブランチ名が「step1」になっているのを確認してください。

図 9-40　新しい「ブランチ」に移動した

なお、コミットしていない変更がある場合、ブランチ名に図9-41のような印がつき、新しい「ブランチ」を作れません。

あらかじめ、いまの「ブランチ」でコミットしておくか、変更を取り消します。

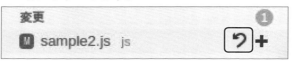

図9-41　コミットしていない変更があると、「*」がつく

変更を取り消すには、図9-42のように、「Git」サイドバー上で、変更を「取り消し」ボタンをクリックします。

図9-42　最後にコミットした状態に戻す

●チェックアウト

「ブランチ」が複数ある場合、「チェックアウト」のコマンドを実行できます。

一度古い「ブランチ」に戻ってから、新しい「ブランチ」に戻り直す場合も「チェックアウト」です。

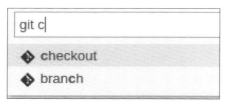

図9-43　どこに「チェックアウト」するか選べる

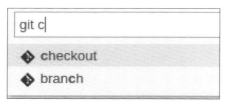

図9-44　「チェックアウト」するか、「ブランチ」するか

[9-3] バージョン管理

■その他の「Git」の操作

●変更前との比較

「Git」サイドバーで、「チェンジ」の状態で表示されているファイルをクリックすると、変更前の状態と比較する画面が現われます。

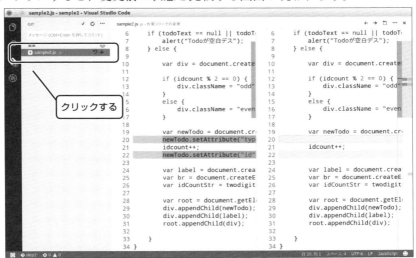

図9-45　変更前との比較

また、エディタ上には、変更した行に「縦線」が引かれます。

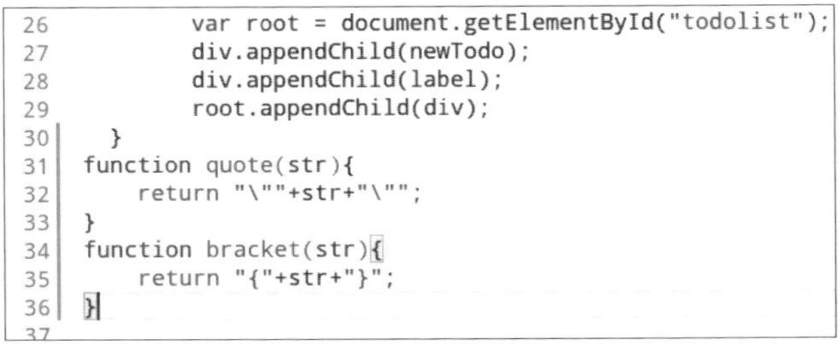

図9-46　変更箇所はエディタにマークされる

●自動接続を無効に

　初期設定では、「Git」サイドバーでの作業は「リモートのサーバ」に接続すると想定しているので、一定間隔でサーバを探しますが、ローカルのみで作業する場合は、この自動接続は不要なので無効にしておきましょう。

　第7章でカスタマイズしたように、「settings.json」を変更します。
　レポジトリは「ワークスペース」単位なので、「ワークスペース」の「settings.json」に設定を書いて、自動接続を有効にするかどうか決めることもできます。

　自動接続を切るには、「git.autofetch」を「false」にします。

```
● settings.json  /home/supportdoc/.config/Code/User
1   // 既定の設定を上書きするには、このファイル内に設
2   {
3       // フォント サイズを制御します。
4       "editor.fontSize": 18,
5       // 自動フェッチの有効/無効。
6       "git.autofetch": false,
7   }
```

図9-47　「settings.json」に記述

索 引

Visual Studio Code

索　引

50音順

《あ行》

- あ　赤い波線 …………………………… 28,31
- い　インストール ………………………… 12
- 　　インデント ……………………………… 36,91
- う　ウィンドウの切り替え ……………… 38
- 　　ウィンドウの分割 ……………………… 37
- え　エクスプローラ ……………………… 19
- お　同じ語を一度に選択 ………………… 103
- 　　同じ語を1つずつ選択に加える ……… 102
- 　　折りたたみ ……………………………… 97

《か行》

- か　カーソル移動 ………………………… 80
- 　　開発者ツール …………………………… 74
- 　　拡張機能 ………………………………… 52,153
- 　　括弧の相手にジャンプ ………………… 89
- 　　括弧の自動入力 ………………………… 132
- 　　画面の外観 ……………………………… 14
- き　キーボード・ショートカット ……… 76,134
- 　　行間 ……………………………………… 129
- 　　行全体の削除 …………………………… 85
- 　　強調表示 ………………………………… 130
- 　　行の移動 ………………………………… 86
- 　　行の折り返し …………………………… 131
- 　　行のコピー ……………………………… 85
- く　空行の追加 ……………………………… 87
- 　　空白の削除 ……………………………… 93
- 　　区切り文字 ……………………………… 132
- け　言語モード ……………………………… 16
- 　　検索 ……………………………………… 47,106
- こ　コード補完 ……………………………… 27,30,41,57,61
- 　　語全体の選択 …………………………… 81
- 　　語頭（語末）までを削除 ……………… 84
- 　　コマンド検索 …………………………… 75

- 　　コマンド・パレット …………………… 75
- 　　コミット ………………………………… 164
- 　　コメント ………………………………… 94
- 　　コメント記号 …………………………… 43

《さ行》

- さ　最近使ったフォルダ（ファイル） … 40
- 　　サイドビュー …………………………… 19
- 　　作業ファイル …………………………… 20
- 　　サポート言語 …………………………… 9
- 　　参照 ……………………………………… 58
- 　　参照場所を調べる ……………………… 59
- し　ジャンプ・メニュー ………………… 71
- 　　出現箇所 ………………………………… 119
- 　　新規作成 ………………………………… 34
- 　　シンボルの名前を変更 ………………… 121
- す　ステージ ………………………………… 164
- 　　ステップ ………………………………… 163
- 　　スニペット ……………………………… 139
- せ　正規表現 ………………………………… 48,111
- 　　整形 ……………………………………… 91
- 　　設定ファイル …………………………… 124

《た行》

- た　タスク・ファイル …………………… 150
- 　　タブ幅 …………………………………… 130
- ち　チェックアウト ………………………… 164,170
- 　　置換 ……………………………………… 47,106
- 　　置換語入力欄 …………………………… 112
- て　定義箇所にジャンプ …………………… 88
- 　　定義箇所を調べる ……………………… 58
- 　　定義内容の表示 ………………………… 88
- 　　テーマ …………………………………… 14
- 　　デバッグ ………………………………… 153

索 引

《は行》

- は 波線 ……………………………… 28,31
- ひ 表示メニュー …………………… 68
- ふ ファイル選択の詳細設定 ……… 115
  - ファイルの切り替え ……………… 35
  - ファイルの種類の設定 …………… 16
  - ファイルの保存 …………………… 20
  - ファイル名の変更 ………………… 33
  - ファイル・メニュー ……………… 64
  - フォルダのコピー ………………… 32
  - フォルダを開く …………………… 21
  - フォントの大きさ ………………… 128
  - ブランチ ……………………… 164,169
  - ブレークポイント ………………… 161
  - プログラムの整形 ………………… 36
  - 文の最初(最後)に移動 …………… 82
- へ ヘルプ・メニュー ……………… 73
  - 編集メニュー ……………………… 67
  - 変数名の変更 ……………………… 49
- ほ 保存 ………………………… 20,39

《ま行》

- ま まだフォルダを開いてません …… 20
  - マルチ・カーソル …………… 45,102
- み 緑の波線 …………………………… 31
- も 文字の削除 ………………………… 84

《や行》

- ゆ ユーザー設定ファイル ………… 124

《わ行》

- わ ワークスペース設定ファイル … 125

アルファベット順

- C♯ ……………………………………… 52
- CSS …………………………………… 41
- Git …………………………………… 163
- Google Chrome …………………… 153
- HTML ………………………………… 27
- JavaScript …………………………… 30
- Mono ………………………………… 53
- Node.js ……………………………… 158
- Search画面 ………………………… 114
- Ubuntu ……………………………… 12
- Webサーバ ………………………… 158
- WinFormsアプリ …………………… 53

数字

- 1画面ぶんの移動 …………………… 83
- 1行ずつ移動 ………………………… 81
- 1語ずつ移動 ………………………… 80

175

[著者略歴]

清水　美樹 (しみず・みき)

東京都生まれ。
長年の宮城県仙台市での生活を経て、現在富山県富山市在住。
東北大学大学院工学研究科博士後期課程修了。
工学博士。同学研究助手を5年間勤める。
当時の専門は微粒子・コロイドなどの材料・化学系で、コンピュータやJavaは結婚退職後にほぼ独習。毎日が初心者の気持ちで、執筆に励む。

[主な著書]

はじめての Atom エディタ
はじめての Mono プログラミング
はじめての「Android 5」プログラミング
Swift ではじめる iOS アプリ開発
はじめての Swift プログラミング
Java8 ではじめる「ラムダ式」
はじめての Markdown
はじめての iMovie [改訂版]
はじめてのサクラエディタ
はじめての Ruby on Rails 3
iPhone プログラミング入門
はじめての Scala
…他 26 冊　　　　　　　　　　（以上、工学社）

本書の内容に関するご質問は、
① 返信用の切手を同封した手紙
② 往復はがき
③ FAX (03) 5269-6031
　（返信先の FAX 番号を明記してください）
④ E-mail　editors@kohgakusha.co.jp
のいずれかで、工学社編集部あてにお願いします。
なお、電話によるお問い合わせはご遠慮ください。

「サポート」ページは下記にあります。
http://www.kohgakusha.co.jp/

I/O BOOKS

はじめての Visual Studio Code

平成 28 年 5 月 20 日　初版発行　© 2016	著　者	清水　美樹	
	編　集	I/O 編集部	
	発行人	星　正明	
	発行所	株式会社 工学社	
		〒160-0004 東京都新宿区四谷4-28-20 2F	
	電　話	(03) 5269-2041 (代) [営業]	
		(03) 5269-6041 (代) [編集]	
	振替口座	00150-6-22510	

※定価はカバーに表示してあります。

[印刷]　図書印刷(株)　　　　　　　　　　　　　　　ISBN978-4-7775-1948-4